本当の「頭のよさ」ってなんだろう？

勉強と人生に役立つ、一生使えるものの考え方

齋藤 孝

誠文堂新光社

はじめに

みなさん、こんにちは。

これからぼくが語るのは、「頭がいい」とはどういうことか、という話です。

きみたちに、**本当の頭のよさを身につけてもらいたい**——これがこの本のねらいです。


よく「あの人は頭がいい」とか「自分は頭がよくないから」とか言いますよね。

それって、根拠《こんきょ》はなんだろう？


ぼくは、「頭がいい」というのは脳《のう》の「状態《じょうたい》」だ、と考えています。

頭のいい人、よくない人というように、分けられているわけじゃない。**みんな、頭のはたらきのいい状態《じょうたい》と、そうでない状態《じょうたい》がある。その「はたらきのいい状態《じょうたい》」を増《ふ》やしていけば、だれもがどんどん頭がよくなる、**という考え方です。

頭がいい状態《じょうたい》は、気持ちがいいんです。

いままでわからなかったことがわかったとき、できなかったことができたとき、

「あっ、そうか！」

「できた！」

と、その瞬間《しゅんかん》、頭のなかにパッと明かりがついたような感じがするでしょう？

気分もすっきり爽快《そうかい》になります。

逆《ぎゃく》に、わからないとき、できないときには、頭のなかも気分もずっとモヤモヤが続きます。

頭のいい状態《じょうたい》を増《ふ》やせると、すっきりと気分がいい状態《じょうたい》も増《ふ》えるのです。

頭のよしあしを、ほかの人と比較《ひかく》するのは意味のないことです。

だって、どんなにうらやんだところで、ほかの人の頭脳《ずのう》と自分の頭脳《ずのう》を取り換《か》えるわけにはいかないのです。自分は自分の脳《のう》でずっと生きていくしかない。だから、人をうらやむひまがあったら、自分の「頭のいい状態《じょうたい》」を少しでも増《ふ》やしましょう。

頭のよさは、人間に幸せをもたらしてくれるものです。

太古の昔、進化の過程《かてい》において、力の弱いちっぽけな人間が生き延《の》びていくためにどうしたらいいか、ということで、知恵《ちえ》をはたらかせるようになった。脳《のう》が発達することで、人類は生き延《の》びてこられたんです。

人間が、強く生き抜《ぬ》いていくために獲得《かくとく》した能力《のうりょく》、それが頭のよさ。**頭をよくすることは、生きていくための幸せに強く結びついている**のです。

頭がいい状態《じょうたい》を増《ふ》やしていくことで、きみたちは、目の前の状況《じょうきょう》を切り拓《ひら》いていく力、現実《げんじつ》を変えていく力をもてるようになります。頭のよさは生きていく力なんです。

そのためにはどうしたらいいか、考え方の根本をこれからお教えします。

中学生、高校生のいまから一生使えるものの考え方を身につけて、頭のよさを磨《みが》いていけば、きみたちは「無敵《むてき》」です。

さあ、頭のいい状態《じょうたい》を増《ふ》やし、現実《げんじつ》を変える力を手に入れる旅に出発しましょう！

目次

第1章

本当の「頭のよさ」ってなんだろう？

頭がよくなりたいきみに

ぼくはふだん、先生になりたいという大学生を教《おし》えています。中学校や高校に行って、全校生徒を相手に講演《こうえん》することもあります。

「頭がよくなりたい」と言う中学生、高校生に、具体的《ぐたいてき》にどうなりたいのかと聞くと、「成績《せいせき》をよくしたい」とか、「偏差値《へんさち》を上げたい」とか、とにかく「勉強ができるようになる」ことを挙げます。

学生にとって、「勉強ができる、できない」は目の前の大問題ですからね、まあ気持ちはわかります。

この本を手に取ったきみもそう思っているかもしれない。

でも、本当にそうかな？

「勉強ができる」ことについて、ちょっと考えてみましょう。

勉強ができる人、すなわち学力の高い人のなかには、脳《のう》みその髄《ずい》から頭のよい人もいます。「勉強なんかとくにしなくても、授業を聴《き》いていればわかる。教科書も、一回読めば頭に入っちゃう」みたいな人。

そういう人がいるのは事実《じじつ》だけど、ものすごく少数です。そして、そういう人のようには、なろうとしてもなれるものではありません。

「勉強ができる」部類《ぶるい》の大多数の人は、やらなくてもできるのではなくて、ちゃんと勉強しているんです。コツコツと努力を積み重ねられる人なんですね。

テストでいい点が取れるということは、授業で習ったことを理解《りかい》し、記憶《きおく》して、それを再生できるということです。

そのために、ふだんからまじめに予習《よしゅう》・復習《ふくしゅう》をするとか、テストが近くなったら集中して勉強するとか、「やる気を起こして、努力できるかどうか」という要素《ようそ》が大きいんです。

みんな、自分の好きなことに対しては努力できるんです。がんばれちゃう。

だけど、勉強に対してはなかなかその気になれないことが多いわけです。

ぼく自身、そうでした。自分の好きなことは夢中《むちゅう》になってできるけれど、勉強はきらい。

ところがぼくは、中学受験《じゅけん》を皮切りに、高校受験《じゅけん》、大学受験《じゅけん》、大学院受験《じゅけん》と、人一倍たくさん「受験《じゅけん》という修羅場《しゅらば》」をくぐる人生を選んできてしまいました。人間ってわからないものだよね。

どうしてそんなイバラの道を歩んだのか。

「目の前の壁《かべ》を乗り越えなければ、その先の楽しいこと、やりたいことができない」

と気づいたからです。

その先の楽しみ、その先の自由を獲得《かくとく》したかったから、「だったら、やるしかないか」と、肚《はら》をくくれたんです。

いま、はっきり言えるのは、そうやって目の前の目標《もくひょう》をクリアしてきたことで、もともとは備《そな》わっていなかった「努力する力」を磨《みが》くことができた、ということです。

大事なのは、「なんのために?」という角度をもつこと。

「なんのために、勉強ができるようになりたいのか」

「なんのために、頭がよくなりたいのか」

自分で考えるのです。

「モテたいから」でも、「お金持ちになりたいから」でもいいんです。

その「なんのためにやるか?」という問いが、自分を突《つ》き動かす原動力になること
が大切なんですよ。

「勉強ができる＝頭がいい」なのか?

学校生活を軸《じく》にした毎日を送るきみたちは、テストの点数だとか成績《せいせき》だとか偏差値《へんさち》
というもので評価され、判定されています。
目に見える数字のかたちで、突《つ》きつけられている。
だから、「勉強ができる、できない」が、頭のよさを測《はか》る絶対的《ぜったいてき》な「ものさし」で
あるかのように思えます。
だけど、じつはそうじゃないんです。
学生という立場が終わって社会人になると、頭のよさを測《はか》るものさしが、突然《とつぜん》変わり

ます。「勉強ができること」から、「社会に適応《てきおう》できること」に切り替《か》わるんです。

ぼくは、勉強ができるのはいいことだと思っています。できないよりは、できたほうがいい。

だけど、勉強ができれば社会に出てからも「頭のいい人」としてやっていけるかと言うと、そうとは限《かぎ》りません。社会に適応《てきおう》できなければダメなんです。

たとえば、一流大学を出て就職《しゅうしょく》したけれど、まわりの人とうまくコミュニケーションがとれない人がいます。いま何をすることが求められているのかもピンときていない。こういう人は、

「勉強はたくさんしてきたかもしれないけれど、使えないやつだ」

と言われてしまいます。

それまでずっと「勉強ができる」「頭がいいね」「すごいね」とほめられつづけてきたのが、社会に出たとたん、一気に地に落とされる。プライドがズタズタになってしまいます。

あるいは、すごい学歴をもち、社会的に高い地位についていながら、法を犯《おか》してしまうような人もいます。ときどきニュースになりますよね、「自分さえよければいい」という気持ちで、社会のルールに反することを平然とやってしまう人。

どんなに勉強のできた秀才《しゅうさい》でも、人としてやっていいこととい けないことの判断《はんだん》がつかないのは、本質的《ほんしつてき》なところで頭がよくない、と言わざるを得ません。

現実《げんじつ》社会のなかで、どう適応《てきおう》していくか

一方、学校の勉強がきらいで成績《せいせき》もよくなかったけれど、大人になってから社会で大活躍《だいかつやく》したり、大成功したりしている人も、世の中にはたくさんいます。

大人になっていきなり才能《さいのう》が開花したのでしょうか。

いいえ、おそらくそういう人は、**子ども時代から、テストの点数とか学校の成績《せいせき》とかでは測《はか》れない種類の頭のよさをもっていた**んです。

新しいものを生み出す発想力とか、人を喜ばせたりやる気にさせたりするすぐれたコミュニケーション力とか、そういうものは学校のテストではわかりません。

こういう人たちの発揮《はっき》する頭のよさというのは、言ってみれば「社会のなかで、いかによく生きるか」というものなんです。

勉強ができる、成績《せいせき》がいいということは、ある一面ではたしかに「頭がいい」のです。だけど、きみたちが思っているほど絶対的《ぜったいてき》なものじゃないんです。

学校を出てからの人生で求められる頭のよさとは、「社会的適応性《てきおうせい》」の高さです。

いまは寿命《じゅみょう》が延《の》びていますから、50年、60年と「大人の頭のよさ」が求められます。人生でずっと求められつづける本当の頭のよさとは、社会にどう適応《てきおう》できるか、という力なんです。

だからといって、「勉強なんかしなくてもいい」ということではありません。

勉強は、頭の基礎《きそ》トレーニングなんです。

勉強ができる環境《かんきょう》にあるときは、勉強しておいたほうがいいんです。

勉強を甘《あま》く見ると、その後の人生が大変になります。これは大人として口を酸《す》っぱくして言っておきたいことです。

「生きる力」が大事と言われるようになったワケ

学校教育においても、学力指導《しどう》のポイントが変わってきています。

これまでの学力は、「知識《ちしき》をつけ、それを覚え、その知識《ちしき》に基《もと》づいた問題に答えられる」力を重視《じゅうし》したものでした。

しかし、「思考力・判断力《はんだんりょく》・表現力《ひょうげんりょく》」や個々《ここ》の「学習意欲《いよく》」を伸《の》ばしていくことを重視《じゅうし》する方向へと、シフトしてきたんです。


自分で考えて、自分の意見をちゃんともって人と対話できること。

問題を発見して、自分で探究《たんきゅう》して、自分で研究してみる姿勢《しせい》をもつこと。


主体的・対話的で深い学び。これがキャッチフレーズです。

それに伴《ともな》い、学力を測《はか》る基準《きじゅん》も、変わってきています。

知識《ちしき》が身についているかというのは、ペーパーテストでわかりやすいものです。

しかし、「自分で考える」ことが軸《じく》になっている「新しい学力」は、従来《じゅうらい》のようなペーパーテストで測《はか》るのはむずかしいんですね。

それで、小論文《しょうろんぶん》を書くとか、自己《じこ》PR文を書くとか、面接《めんせつ》試験をするとか、そういうところで見る試験がどんどん増《ふ》えているのです。

自分で考える、自分なりの表現《ひょうげん》をするというのは、**社会に出たときに活《い》かしていける頭のよさ、「生きる力」につながるもの**です。

きみたちに身につけてほしいのは、そういう学力であり、頭のよさです。

「頭をよくする」というのは、生きるために必要な力をつけることなんです。

そのために勉強をするんです。

頭のよくならない人間はいません。だれにも努力できる力は備《そな》わっています。どういうやり方をすれば、自分の力を伸《の》ばしやすいか。そのことにどこで気づけるか、がポイントです。

身体能力《のうりょく》も「頭のよさ」のひとつだ

一流のスポーツ選手の活躍《かつやく》している姿《すがた》を見ていると、ぼくは「頭いいなあ」と感じます。

なぜ、あんなすごいプレーや演技《えんぎ》ができるのか。

どうして身体《からだ》を上手に動かせるかといえば、脳《のう》からの指令があるからです。

言葉ではとても説明しきれないくらい複雑《ふくざつ》な動き、身体《からだ》の使い方をマスターしていて、敏速《びんそく》に動かせている。その場その場で瞬時《しゅんじ》にやってのけている。

「身体《からだ》の使い方がうまい人は、頭がいい」、これはぼくの持論《じろん》です。

スポーツだけではありません。ダンスがものすごくうまい人とか、超絶《ちょうぜつ》テクニックをもつミュージシャンの演奏《えんそう》などもそう。

歌舞伎《かぶき》や狂言《きょうげん》など、伝統芸能《でんとうげいのう》の世界で活躍《かつやく》している方たちも、とても頭がいい。

身体《からだ》を巧《たく》みに動かせるということは、頭と身体《からだ》を迅速《じんそく》に連動させることができるということです。神経《しんけい》回路がものすごく磨《みが》かれている、そういう頭のはたらかせ方がうまい、ということなのです。

最近は脳科学《のうかがく》の研究が進み、「サッカー脳《のう》」とか「野球脳《やきゅうのう》」とか、スポーツ選手のパフォーマンス能力《のうりょく》と脳《のう》のはたらきが、科学的にとらえられるようになってきました。

それとともに、一流選手になれる人は、頭のはたらかせ方がうまいという認識《にんしき》が広まってきています。

勉強と部活をどちらもきちんとやるのは、もちろんいい。

でも、部活に集中することも、頭のよさを磨《みが》くことになるんです。

どうやったらもっと速く走れるか。いいパスをまわせるか。チャンスボールをものにできるか。身体《からだ》を高速回転させられるか……。

うまくなっていく人は、「自分はいま、何をすればいいか」を考えてやっています。

筋《きん》トレも、何も考えずにボーッと身体《からだ》を動かし、汗《あせ》を流していたのではダメで、「いま、なんのために、どこの筋肉《きんにく》をきたえている」という意識《いしき》をもつことが大事だといわれています。


ぼくはスポーツや芸能《げいのう》などの各界で活躍《かつやく》している人にインタビューをしたり、対談をしたりする機会があります。オリンピックで金メダルをとった、ハンマー投げの室《むろ》伏《ふし》広治さんや柔道《じゅうどう》の野村忠広《ただひろ》さんともお話しさせてもらいました。トップレベルの方たちと話していると、頭が整理されて澄《す》んでいる感じが伝わってきます。

つねに「なんのために何が必要なのか」を考えていて、自分がいまなすべきこともしっかりわかっている。いまの自分にとって最善《さいぜん》のことを見つけ、課題にどう立ち向かっていったらいいかをわかっているなあ、と感じます。

物事が上達していくには「センス」と「習熟《しゅうじゅく》」が必要です。

一流選手はセンスもあったでしょうが、習熟《しゅうじゅく》の力もハンパなくすごいのです。

頭のよさは磨《みが》かれていくものだということを示《しめ》してくれるお手本です。

先を読む力

身体《からだ》を使って俊敏に運動をするとき、人は、自分が次に何をしたらいいかわかっているのです。

その一瞬《いっしゅん》で成功するには、そのときだけうまくやれてもダメで、次、その次と、先のことも考えられて、それにはいま何をしたらいいかが「読めている」んです。

先が読める予測《よそく》力は、生き物にとって重要なサバイバル能力《のうりょく》です。

危険《きけん》な敵《てき》が目前に迫《せま》ってから初めて気づくよりも、はるか先にいるときに気づけたほうが、より早く逃《に》げられる。対処《たいしょ》の方法もいろいろ考えられる。

いま、よりよく動けるということは、先が読めるからできるんです。どうしたらうまくなれるか、強くなれるか、勝てるかを考えつづけ、そのためにいま何をしたらいいかを考えられるって、すごく頭のいいことなんですよ。

囲碁《いご》や将棋《しょうぎ》でもそうですね。

自分が次の一手をどうすると、相手はどう出てくるかということが、いく筋《すじ》も見えてくる。この場合に自分がこうしたら、相手はどう出るか。こっちの手を打った場合、相手はどう出るか。先を読みながら戦っているわけです。

自分がいま、何をしたらいいかがわかっている。それを考えて、次の行動をとることができる。それが頭のいい生き方っていうものなんです。

中学生くらいだと、「将来《しょうらい》のことを考えるといっても、大人になるのはまだまだ先のこと」と思っている人も多いです。

だからといって、具体的《ぐたいてき》に考えることを手放してしまってはダメです。

将来《しょうらい》のことを考えるって、夢《ゆめ》を描《えが》くだけじゃない。いまの自分と、将来《しょうらい》の自分との間に、道をつくっていくことなんですね。

細かな点を打っていく、と言ってもいい。

一本の線というのは、点が連なったものです。ひとつ、またひとつと小さな点を打っていくことで、線ができていく。いまの行動が、将来《しょうらい》へつながる点のひとつになっていくわけです。

たとえば、医者になるには、大学は医学部に行かなければいけません。医学部は難関《なんかん》です。だから、医者を目指す人は、中学ぐらいから準備《じゅんび》を始めている人が多いです。

先のことをあまり考えずに中学、高校時代を過《す》ごして、大学を選択《せんたく》する時期になって、「いやあ、医者という選択肢《せんたくし》もいいかもしれないなあ」と、そこからいきなり医学部を目指しても、非常《ひじょう》にむずかしい。

そこで初めて、「数学Ⅲ《さん》を取ってないと、受けられる医学部ってほとんどないんだ」と気づく人がいたとしたら、ずいぶんボーッとしていたということになります。

自分の目ざす方向に心と体をしっかり向ける。ちょっとした角度ですが、ひとつの点の打ち方で、その後の線の進む方向は変わっていくんです。

先のことがどのくらい見えているか

子どものときから目標《もくひょう》をもっている人は、先を見てエネルギーを注いでいます。

たとえば、ずっとスポーツやダンスをやっているとか、楽器や歌を習っているとか、プロになることを夢見《ゆめみ》ている人たち。

実際《じっさい》にプロになれるかどうかはともかくとして、そこに近づくためにはどういう方法があるのか、どういう道を行けばいいのかを真剣《しんけん》に考えています。

そのためにはどういうところに進学するのがいいのか、いま何をすればいいのか、小・中学生の時期から見すえて動いています。

パティシエになりたいとか、トリマーになりたいといった夢《ゆめ》をもっている人も、どういう学校で技術《ぎじゅつ》を磨《みが》いたらいいかを具体的《ぐたいてき》に考えることができます。

やりたいことがないという人は、ぼんやり過《す》ごしがちです。それは、先のことを具《ぐ》体的《たいてき》に思い描《えが》けないから。

じつは、そういう人ほど、自分の可能性《かのうせい》を狭《せば》めてしまわない、ということに配慮《はいりょ》しないといけません。

もし、**はっきり自分の将来《しょうらい》に対する目標《もくひょう》が定まっていないのであれば、さしあたってどういう分野にでも進めるようにしておかないといけない。**

それはどういうことかと言うと、

「勉強しておかないといけない」

ということです。それが、学校の勉強をやるひとつの意味です。

何をしたらいいかわからないと迷《まよ》っているなら、勉強するんです。

何にでもなれるよう、幅広《はばひろ》い知識《ちしき》を身につけておく。

それが将来《しょうらい》への準備《じゅんび》になる。未来の自分に対して、いまできること。先行投資《とうし》と言ってもいいかもしれません。

友だちと将来《しょうらい》のことをまじめに話し合うのは大切です。

真剣《しんけん》に話してみると、将来《しょうらい》への準備《じゅんび》を着々《ちゃくちゃく》と進めている人もいると思いますよ。

自分で可能性《かのうせい》を狭《せば》めちゃいけない

将来《しょうらい》の可能性《かのうせい》をできるだけ幅広《はばひろ》く残しておく。

「さあ、どうするか」というときに、選択肢《せんたくし》がいろいろあることが大事なんです。

たとえば、数学が苦手な人は、「数学なんかやりたくない」と投げてしまいやすいんです。

中学では選べませんが、高校では、数学をどこまで履修《りしゅう》するかが選べます。

いま、数学がきらいというだけで、簡単《かんたん》に投げ出してしまうと、先ほど言ったように、理系《りけい》の学部に進みたいという気になったときに、可能性《かのうせい》が狭《せば》められてしまう。

化学や物理なんかもそうです。

得意ではなくても、やりつづけていれば、選択肢《せんたくし》としては残りつづけます。

自分自身で可能性《かのうせい》を狭《せば》めてしまうようなことをしてはいけないんです。

大学に行ったほうがいいかどうか迷《まよ》っている人には、ぼくは「行ったほうがいいですよ」とアドバイスします。

たとえば、漠然《ばくぜん》とでも「教師《きょうし》になりたい」と思っている人は、教職課程《きょうしょくかてい》で必要なことを学ばないといけないので、どこの大学に行こうかと迷《まよ》うことはあっても、進学するかどうかに迷《まよ》うことはありません。

大学に行こうかどうしようかに迷《まよ》っている人は、「将来《しょうらい》、自分は何をしたい」ということが定まっていないことがほとんどです。

やりたいことが具体的《ぐたいてき》にない。そのうえ、家の経済状況《けいざいじょうきょう》もそれほど余裕《よゆう》があるわけではない、となると、「高校を出て就職《しゅうしょく》したほうがいいのかなあ」と考えるわけです。

お金の問題もありますから簡単《かんたん》には言えませんが、やりたいことがはっきりしていない人こそ、自分の可能性《かのうせい》を広げるために、大学に進んだほうがいいのです。

高校を卒業して就職《しゅうしょく》するのと、大学を卒業して就職《しゅうしょく》するのとでは、**選べる職種《しょくしゅ》にしても、生涯年収《しょうがいねんしゅう》を考えても、大学を卒業していたほうが有利**だからです。

お金の余裕《よゆう》がない、奨学金《しょうがくきん》を受けるにしても、それを返せる自信もない。奨学金《しょうがくきん》という名の借金でずっと苦しむことになるのはイヤだ、という考え方もあるでしょう。

それでも、大学に行っておいたほうが、長い眼《め》で見たら正解《せいかい》であることのほうが多いんです。

やりたいことがはっきりしているなら、専門《せんもん》学校で専門的《せんもんてき》な知識《ちしき》や技術《ぎじゅつ》を学ぶのはいいことです。

しかし、やりたいことがはっきりしない場合は、大学で学びながら考えるのは、いいやり方です。

自分のこの先の可能性《かのうせい》は、可能《かのう》な限《かぎ》り広げておいたほうがいいんです。

好きなことだけやって生きていけるか？

スポーツとか音楽とか、好きなことに熱中しているといっても、それでプロになろうとかまで思っていない。ただ好きでやっている、という人も多いと思います。のびのび好きなことをやっていたい、それだけやっていられたら楽しい。しかし、そうはいかないのが現実《げんじつ》です。

だれしもみんな、その狭間《はざま》で悩《なや》んだり苦しんだりしているんです。

がんばって、プロのスポーツ選手になれたとしても、スポーツの世界は活躍《かつやく》できる期間が限《かぎ》られています。

普通《ふつう》の職業《しょくぎょう》は30年、40年続けられます。しかしスポーツ選手の場合は、全盛期《ぜんせいき》、ピークが35歳《さい》ぐらいまでということが多い。

その後の人生をどうするのか、という問題も早くから視野《しや》に入れておかないといけない。

好きなこと、情熱《じょうねつ》を注ぐことがあるのは、とても大切なことです。

しかし、**好きなことだけやって生きていける人は、基本的《きほんてき》にはいない。**ぼくはそう思っています。

一生、ゲームをやって、楽しく暮《く》らしていたいという人もいるかもしれません。

こんなことを言っている人がいました。

「親が不動産を残してくれるって言っているから、自分は月10万ぐらいだけ稼《かせ》げればいい。あとはずっとゲームやって生きていきたい」

親のもっている家で暮《く》らしていて、光熱費も親が払《はら》ってくれている、食べるものも親が用意してくれている。このまま親が80歳《さい》、90歳《さい》まで生きてくれれば、自分もずっとゲームをやって暮《く》らせる、そういう人生がいいんだ、それが幸せだと言う。

ところが、あるとき、好きな人ができたんです。結婚《けっこん》したいと思うようになった。そうしたら、まったく違《ちが》う気持ちが芽生えてきた。親元から独立《どくりつ》して、その人とひとつの家庭を営《いとな》みたいという気持ちになった。だから、「ちゃんとしたかたちで仕事をしなければいけない」と思うようになった。

人間の気持ちというのは、状況《じょうきょう》が変われば、そんなふうに変わるものなんです。

人間だから、気持ちは変わっていく。

そのときに、「ああ、あのときに勉強しておけばよかった」「こうしておけばよかった」と後悔《こうかい》することにならないようにしておくことが必要なんです。

そのときにできるだけ困《こま》らないように、なんとかできるように、自分がいまできること、やれることはちゃんとやっておかなければいけない。

自分のどう変わっていくかわからない今後に対して、できるだけ選択肢《せんたくし》を減《へ》らしてしまわないようにする。

それが、**自分の可能性《かのうせい》の芽を摘《つ》まないようにする**、ということ。

それが、そのときどきの現実《げんじつ》に立ち向かう力、現実《げんじつ》を変える力になるんです。

目指すのは「知仁勇《ちじんゆう》」

先読みができる力とは、どんなものか。

たとえば、クイズ番組を観《み》ていると、まだ問題を全部聞き終わっていないのに、答えを推理《すいり》してすばやくボタンを押《お》し、みごと的中させることがあるでしょう？

あれは、まさに「先読みの力」です。

知識《ちしき》が断片的《だんぺんてき》な雑学《ざつがく》としてあるのではなくて、つなげて考える力があるから、あれができるんです。

「この文章に続くのは、きっとこういう質問《しつもん》だ」

知識《ちしき》を土台にしながら、クイズ問題の文脈を読みとって予測《よそく》している。それが「先を読む力」になって瞬時《しゅんじ》に発揮《はっき》されているんです。

ただし、クイズ問題で先を読む練習をたくさんしている人が、自分の人生という現《げん》実《じつ》問題に対しても同じように力を発揮《はっき》できるかどうかは、またちょっと別です。

ぼくは、現実《げんじつ》において「先が読める」ことは、本当の頭のよさの重要な要素《ようそ》だと思っています。

今後のなりゆきがどうなるかを前もって見通せることを、「先見の明」と言います。

先を見すえる眼《め》をもつことが大事なんです。

それには、いま自分がいるところと、何年後かの自分というものを見すえて、それぞれの点を一本の線につなげていかないといけません。

「いま、楽ができるかどうか」といったことだけで、ものごとを判断《はんだん》してはダメです。目先の感情《かんじょう》に流されずに、先のことを考える習慣《しゅうかん》をつけましょう。

さらに、**頭をよくしていくためには、志《こころざし》と情熱《じょうねつ》が大切**です。熱い思いをもって、取りくむ。「なんとしてもやりとげたい！」という強い思いがある人は「いま何をすればいいのか」を真剣《しんけん》に考えることができるからです。

本当の知力・知性《ちせい》とは、知識《ちしき》のあることだけではありません。「知（判断力《はんだんりょく》）」「仁《じん》

（誠意《せいい》）」「勇（行動力）」の3要素《ようそ》がそろっているか、です。

知——知識《ちしき》があるだけでなく、大事な本質《ほんしつ》をとらえた判断《はんだん》ができるか。

仁《じん》——人に対して、誠意《せいい》、思いやりをもった対応《たいおう》ができるか。

勇——実際《じっさい》に行動を起こすパワー、勇気があるか。

「知仁勇《ちじんゆう》」をそなえるには、志《こころざし》と情熱《じょうねつ》が必要なのです。

第一の格言《かくげん》

本当の頭のよさは「知（判断力《はんだんりょく》）」「仁《じん》（誠意《せいい》）」「勇（行動力）」でつくられる。

やあ…
…
本は好き？
… う〜ん
… あんまり
すこしでも本の好きなとこあれば教えてよ
…
う〜ん…
においをかぐとちょっと落ちつく
おっ いいね 一歩前進だ

第2章

勉強するのはなんのため？

「学ぶ」って楽しいことのはず

「どうして勉強しなければいけないのか」

中学生ぐらいになると、だれもが一度はこんな疑問《ぎもん》をもつようになります。

「将来《しょうらい》の可能性《かのうせい》を広げるため」とか、「生きる力を身につけるため」と聞いても、ピンと来ない。

方程式《ほうていしき》が解《と》けるようになっても、古文が読めるようになっても、「これが日常《にちじょう》生活で必要になることなんか、ないよね」と思うわけです。

「なんのために？」と考えることは、とても大事です。

だけど、それが前に進む力にブレーキをかけてしまったのでは困《こま》る。

「こんな勉強をすることに、なんの意味があるのか」

「こんなの、役になんか立たない」

勉強に対するマイナスのイメージは、やる気にブレーキをかけてしまう。

小学生になったころのことを、振《ふ》り返ってみてください。真新しいランドセルを背負《せお》って学校に行くって、ワクワクすることだったんじゃない？

あのころ、勉強って、そんなにイヤなものだったかな？　家に帰ると、「今日、学校でこんなことやった」とウキウキした気分で話したりしなかったかな？

小学生は、知りたがりです。自分が知らないこと、やったことのないことへの好奇《こうき》心《しん》でいっぱいです。「知ることへの興味《きょうみ》」がすごく強い。だれでもそうです。

「学ぶ」ことがもともときらいな人はいません。

ところが、そのうちにだんだん好奇心《こうきしん》よりも、「イヤなもの」という気持ちのほうが勝ってくるようになります。きっかけはいろいろです。

- 授業《じゅぎょう》が退屈《たいくつ》でつまらない
- 宿題をやるのが面倒《めんどう》くさい
- テストの点がよくなかった

- 家で「勉強しなさい」「宿題やりなさい」と口うるさく言われた
- 先生がきらい
- ほかの人と「できる、できない」をくらべられる

……

こういったマイナスの体験が、「勉強なんかおもしろくない、きらい」というほうに自分を傾《かたむ》けていくんですね。

そして好奇心《こうきしん》がもてるのは、得意な教科だけになったり、勉強以外の好きなことになっていったりする。

同時に、「勉強をすることに、なんの意味があるのか」と思うようになるんです。

勉強することの意味

目標《もくひょう》がはっきりしている人は、この問いに対しても迷《まよ》いが少ないんですよね。将来《しょうらい》は何になりたい、そのためには大学はどういう学部に進んだらいいか。それにはいま、何をしたらいいか——その道筋《みちすじ》を考えやすいから、いまやらなければいけない勉強に

も意味があると思えるわけです。

でも、具体的《ぐたいてき》な目標《もくひょう》が見つかっていない人は、もやのなかにいる感じ。自分が何をしたらいいかわからないから、勉強しなきゃいけない意味も見いだしにくいんです。

それならば、もう単純《たんじゅん》に**「頭をよくしていくため」**と考えたらどうだろうか。

これが、テストの点や成績《せいせき》、偏差値《へんさち》を上げることを言っているわけではないことはわかりますよね。頭のはたらきをよくしていく、ということです。

頭は自然と「よくなる」ものではありません。自分で「よくしていく」ものです。

勉強は、自分を向上させていく最強のトレーニングです。

「自分を広げるため」

と言ってもいいかもしれない。

何かを学んで「前よりまたひとつ、もの知りになれた」と思えれば、自分にとって悪くないことだと肯定的《こうていてき》に受けとめられます。ロールプレイングゲームで、自分のキャラクターのステージが上がる感じです。

やる気は後からついてくることもあるって、知っていますか？

やる気があることは、一生懸命《いっしょうけんめい》やれますよね。意欲的《いよくてき》にがんばれる。だけど、「全然やる気が出ない」というときも、やっていると脳《のう》がその刺激《しげき》を喜んで、だんだんやる気が出てくるんです。

脳《のう》にはそういうメカニズムがあります。

たとえば、宿題で英単語のプリントが出た。しぶしぶやりはじめたら、調子よくどんどん進んで、あっという間に終わっちゃった。「これだったら、もっともっとやれる」と思う。こんな経験《けいけん》ないですか？

やらなきゃいけないと思ってやりだした結果、イヤだったはずの勉強がおもしろくなるということはあるんです。

やる気が先にあるのではなくて、やっているうちにやる気のスイッチが入るんです。

「やらなきゃいけないからやる！」

「やる気を迎《むか》えに行く！」

こんな手もありなのです。

ワクワクした気持ちや情熱《じょうねつ》をもつには？

「やらなければいけないんだったら、よしやるか！」という思考モードに入りやすいのが中学生時代ではないかとぼくは思います。

小学生というのは、だいたいのことはノリ、勢《いきお》いでやってしまいます。塾《じゅく》に行くのも、勉強が好きかどうかはあまり関係なく、友だちが行くから自分も行きたくなる。

中学受験《じゅけん》も、親から勧《すす》められるとなんとなく勢《いきお》いで「やってみよう」という気になる。中学受験《じゅけん》は、親もいっしょになってチャレンジするもの、子ども自身の力というより家族の総合力《そうごうりょく》ですからね。

でも、中学以降《いこう》の勉強というのは、親がどうこう言っても自分自身がその気にならないとどうしようもありません。

自分がどう向き合うか、それ次第《しだい》なんです。

そこで「どうして勉強しなければいけないのか」と考えるようになるわけですが、大事なのは「自分の意志《いし》でやる」ことです。

「やらされている」という気持ちがあると、心のどこかに反発したい気持ち、逃《に》げたい気持ちがわいてきちゃう。

たとえ「やらなければいけないことだからやる」にしても、だれかから強制《きょうせい》されてやるのではなくて、「自分の意志《いし》でやるんだ!」と思えることが大事。

それには何が必要なのか、わかりますか?

好奇心《こうきしん》です。

小さなときにはみんながもっていた、**知ることへの興味《きょうみ》、ワクワク感を取り戻《もど》す**ことなんです。

学生、生徒は英語で「student(スチューデント)」と言いますね。この語源《ごげん》はラテン語で、もともとは「熱意をもつ者、一生懸命《いっしょうけんめい》取りくむ者」といった意味があったのです。

つまり、「I am a student.」というのは、単に「わたしは学生です」というだけではなく、「わたしは勉強に熱意をもっている者です」という意味合いがこもっているんですよ。ぜひ知っておいてください。

おもしろがれると、おもしろいことが増《ふ》えていく

ぼくの子どものころには、インターネットはまだありませんでした。おもしろいことの情報《じょうほう》は、テレビかラジオ、あとは雑誌《ざっし》から入ってくるしかなかったのです。中学生になると、ラジオの深夜放送なんかを聴《き》きはじめ、初めて「洋楽」に触《ふ》れました。最初はちんぷんかんぷんなんですが、洋楽はとにかくかっこいいわけです。大人の世界に足を踏《ふ》み入れたような感じがする。

いまは小学生のうちから英語を始めますが、当時は、英語を習うのは中学生からでした。

英語の授業《じゅぎょう》で「イエスタデイ」という単語を覚えると、ビートルズの「イエスタデイ」という曲がちょっとわかるような気がしてくる。

日本語に訳《やく》した歌詞《かし》を読んで、そのあとで英語の歌詞《かし》を読む。そして曲を聴《き》くと、「ああ、こういう歌だったのか」と中学生なりにわかってくるんです。

そうやって「ヘルプ!」とか「ヘイ・ジュード」とか「レット・イット・ビー」とか、次々《つぎつぎ》とビートルズの曲を聴《き》くようになりました。

洋楽への興味《きょうみ》と、英語とがつながっていた。

英語は、洋楽への興味《きょうみ》を広げてくれるものだったんです。

英語の時間に、ジョン・デンバーの「サンシャイン・オン・マイ・ショルダーズ（太陽を背《せ》にうけて）」という歌を聴《き》いて、その歌詞《かし》を書きとるテストなんかもあったなあ。

できないとくやしい。だから、もっと一生懸命《いっしょうけんめい》いろいろ聴《き》くようになるんです。

ぼくは、洋楽にハマったことで英語をおもしろがることができました。

いまは、英語に親しむチャンスがものすごく増《ふ》えています。

YouTube（ユーチューブ）などで海外の人の動画を手軽に見ることができます。日本人歌手の歌にも、英語がひんぱんに出てきます。「これってどういう意味だろう？」と調べたくなる機会が多いですよね。

英語を勉強だと思わずに、おもしろいこと、楽しいことをいろいろ知ることのできる「ツール（道具）」だと思っちゃったほうがいいです。

教科書は「すごい！」話の宝箱《たからばこ》

元素周期表

1	2	3	4	5	6	7	8	9	10	11	12	13	14	15	16	17	18
H																	He
Li	Be											B	C	N	O	F	Ne
Na	Mg											Al	Si	P	S	Cl	Ar
K	Ca	Sc	Ti	V	Cr	Mn	Fe	Co	Ni	Cu	Zn	Ga	Ge	As	Se	Br	Kr
Rb	Sr	Y	Zr	Nb	Mo	Tc	Ru	Rh	Pd	Ag	Cd	In	Sn	Sb	Te	I	Xe
Cs	Ba	*1	Hf	Ta	W	Re	Os	Ir	Pt	Au	Hg	Tl	Pb	Bi	Po	At	Rn
Fr	Ra	*2	Rf	Db	Sg	Bh	Hs	Mt	Ds	Rg	Cn	Nh	Fl	Mc	Lv	Ts	Og

*1	La	Ce	Pr	Nd	Pm	Sm	Eu	Gd	Tb	Dy	Ho	Er	Tm	Yb	Lu
*2	Ac	Th	Pa	U	Np	Pu	Am	Cm	Bk	Cf	Es	Fm	Md	No	Lr

ぼくは、新しいこと、未知のことを知るのは楽しくてたまらなかったんです。

化学の時間に元素《げんそ》の周期表を初めて見たときも、ものすごく感激《かんげき》しました。

物質《ぶっしつ》の元素《げんそ》のすべてが、1枚《まい》の表にまとめられているわけです。つまり、広い宇宙《うちゅう》にある物質《ぶっしつ》を、ここに書かれている元素《げんそ》で説明できるということ（今は、ダークマターっていうわからない物質《ぶっしつ》もあるといわれてるけどね）。

すごいことじゃないですか。

もちろん、最初に元素《げんそ》の周期表というものを考え出した科学者もすごい。

しかし、科学はどんどん進歩していて、た

えず新しい発見がある。新しく発見される元素《げんそ》があるわけですね。そういうものが、周期表にどんどん加えられていく。

このたった1枚《まい》のなかに、どれだけの科学者たちの知恵《ちえ》が結集しているのか。そう思うと「これに感激《かんげき》しなかったら、いったい何に心が動くんだ」というくらい感動的なことです。

そうすると、化学がイヤなものとは思えなくなる。テストでいい点が取れるかどうかは別として、少なくとも化学をきらいにはなれないんです。

古文で『徒然草《つれづれぐさ》』を読んだとき、ぼくが思ったのは、

「へえ、兼好法師《けんこうほうし》というのは、なんか話の合いそうなお坊《ぼう》さんだな」

ということでした。

納得《なっとく》できることがいろいろあったからです。

木登りの名人が、高い木の枝《えだ》を人に切らせていたときに、上から降《お》りてきて軒《のき》くらいの高さになったところで「あやまちすな。心して降《お》りよ」と声をかけた。高くて危《あぶ》ないところでは何も言わなかったのに、飛び降《お》りても大丈夫《だいじょうぶ》そうな高さでなぜ言うの

か。不思議になって兼好《けんこう》さんは聞いたんです。

すると、木登りの名人は、「枝《えだ》がしなって危《あぶ》ないようなところでは、自分自身がこわいから気をつける。あやまちは、簡単《かんたん》なところで起きるものです」と答えた。

それを聞いて、何ごとも「むずかしいところよりも、むしろこれは大丈夫《だいじょうぶ》だ、というようなところで失敗しやすいものだ」と兼好《けんこう》さんは言う。

ぼくはとっさに、部活のテニスのプレイのことを連想しましたよ。「なるほど、いいこと言うな」と思いました。

そういった話がいろいろ出てくるわけですね。木登りの名人だけじゃなくて、いろいろな人の話を聞いて、「こう思うよ」と自分の考えを兼好《けんこう》さんが書いておいてくれなかったら、それを知ることはできなかったんですよ。

「兼好《けんこう》さん、すごいな。もし、近所の寺にこんな話をしてくれるお坊《ぼう》さんがいたら、話を聞きに行きたくなる」

そう思っていたんです。

学校の勉強でやること、教科書に書いてあることって、じつは感激《かんげき》のネタの宝庫《ほうこ》なんですよ。

教科書も、人類のさまざまな英知をわかりやすくまとめてくれていると思うと、違《ちが》った目で見えてきます。

だからぼくは、教科書も、いま授業《じゅぎょう》でやっているところよりも、先のほうのおもしろそうなところをパラパラ読むのが好きでした。これからやることを先取りして知るのが楽しかったんですね。

復習《ふくしゅう》ぎらい、テストぎらい

「なんだ、齋藤《さいとう》先生、やっぱり本当は勉強が好きな子どもだったんじゃないか」

そう思った人もいるかもしれませんね。

ぼくは、おもしろがり屋で、好奇心《こうきしん》は旺盛《おうせい》でした。新しいことを学ぶのは、好きだったんです。

勉強の何がきらいだったかというと、「基礎《きそ》」と「復習《ふくしゅう》」。すでにやったことには、まったく興味《きょうみ》がもてない。

基礎《きそ》から復習《ふくしゅう》する、みたいなものはイヤでたまりませんでした。

当然ながら、テスト勉強は全然やる気になれない。

中学のとき、中間テストで数学がさんざんな結果に終わり、ちょっとうなだれた気分で仲のいい友だちと話していたら、

「おまえ、学校で配った問題集やった？　あれさえやっておけば、なんてことないはずだよ」

と言われたのです。

「えっ、そんなものあったっけ？」

「ほら、これ」

『基礎《きそ》問題集』というタイトルのついた薄《うす》い冊子《さっし》です。

ぼくは「基礎《きそ》」というだけで拒否反応《きょひはんのう》を示《しめ》して、全然やっていなかったのです。というか、その存在《そんざい》すら忘《わす》れていました。学校で副読本として配っていたものですから、本当は、それをやっていればよかったのです。

「そうか、基礎《きそ》からの復習《ふくしゅう》かあ……」

この『基礎《きそ》問題集』をやったらすぐにテストの点が上がりました。「基礎《きそ》は大事！」です。

齋藤式《さいとうしき》「しゃべくり勉強法」

もっと勉強をラクにできないか。いつもそう思っていました。

友だちと相談して、ぼくらはひとつの策《さく》を考えました。

中間テスト、期末テストの２週間ぐらい前になったら、友だちといっしょにやることにしたのです。

２人で教科書の同じページを読んで覚える。

そうしたら、覚えたことを相手に話すのです。

片方《かたほう》が覚えたことを話す。もう一方がそれを聞いて、間違《まちが》いをチェックする。

終わったら、交代する。

覚えたことをひたすら話すという「しゃべくり勉強法」です。

自分ひとりでやっていると「覚えたつもり」ということがよくあります。

でも、中途半端《ちゅうとはんぱ》な知識《ちしき》だと、人に説明できないんです。だから、うろ覚えでは話せない。

話すためには、その知識《ちしき》がしっかりと自分の頭に入っていて、それを自分の言葉で伝えられないといけないわけです。

受験《じゅけん》勉強でもこの方法を使っていました。この友だちとは、いっしょに東大に行きました。

人に話すというこの方法は、記憶術《きおくじゅつ》としてとても有効《ゆうこう》でした。

それだけじゃなく、**自分の頭の回転がよくなっていくような感覚があって、すごく気持ちよかったた**んです。

それで、ぼくらはテスト勉強以外でも、読んだ本の内容《ないよう》とか、自分が得た知識《ちしき》を話すようになりました。

覚えるのがインプットだとすると、しゃべるのはアウトプット。このアウトプットこそが、頭のはたらきをよくするんです。「アウトプット勉強法！」これが楽しく勉強するヒケツです。

「話すこともトレーニングなんだなあ」と思ったのは、これをやっていることで、どんどん速く、なめらかに知識《ちしき》をしゃべれるようになったから。そして、本を読んでも、テレビで何か知っても、

「あっ、これはこういうこととつなげて説明したら、おもしろくなるぞ」

と考えるようになったんです。

ぼくが「人に教える」仕事につく原点は、間違《まちが》いなく「しゃべくり勉強法」にあります。

数学はものの考え方の整理術《せいりじゅつ》？

高校のとき、数学に対する認識《にんしき》がガラッと変わることがありました。

通っていた塾《じゅく》の数学の先生が、あるときぼくの解答《かいとう》を見て、

「答えは合っているんだけど、齋藤《さいとう》くん、これは美しくないよ」

と言ったんです。

「美しくない？」

ぼくはびっくりしました。数学の問題を解《と》くことと「美しい」という言葉が頭のなかで結びつかなかったからです。

先生は、別の解《と》き方をやってみせてくれました。

たしかに、そのやり方のほうがシンプルです。すっきりしていて、とても美しいんです。

目からウロコが落ちましたね。

ごちゃごちゃと何度も計算を重ねていくやり方もある。だけど、整理して考えたら、こんなにすっきりと答えを出す方法もある。それを知ったというのがひとつ。

それから、ものごとを整理して考えられると、こんなにすっきり美しくなるんだというのがひとつ。

数学とは、ものごとをどうとらえるか、その論理的《ろんりてき》な思考法、思考回路を手に入れるものなんだな、と実感したのです。

「中学や高校でやる数学なんて、普通《ふつう》に暮《く》らしていく日常《にちじょう》生活で使うことなんかない。算数ができれば十分だ」

と言う人がよくいます。

そうでもないんです。因数分解《いんすうぶんかい》が必要になる計算をすることはなくても、因数分解《いんすうぶんかい》の思考法というのは、役に立つんですよ。

バラバラになっているものを取りまとめて、カッコに入れて考えると、頭のなかがすっきりと整理できます。

「カッコに入れてみよう」というものの考え方、頭の整理の仕方として使えるんです。

そういうものの見方もできるのと、「これしか方法がない」と思いこんで、ごちゃごちゃと悩《なや》みあぐねているのと、どっちが生きやすいか。

いろいろなものの考え方を知っているほうが、考え方が自由になる。そのほうが生きやすくなるんです。

自分のなかに豊《ゆた》かな森を育てる

勉強は、自分を広げてくれます。

「勉強なんかしなくてもいい」

「勉強よりも、もっと大事なことがある」

といったことを言う大人もいます。

きみたちからすれば、

「えっ、勉強しなくても大丈夫《だいじょうぶ》なの？　ラッキー！」

という気になりやすいですよね。

でも、そういった言葉を真《ま》に受けては危険《きけん》です。

勉強よりも大切なこととは何なのか。

学生の立場にあるきみたちが、いま勉強しなかったらどうなるのか。

そこを納得《なっとく》いくように説明できるかというと、おそらくそんな説明はだれにもできません。

世界にはさまざまな文化の国や社会があります。勉強よりも大切なことがあって、10代のときはそれをいちばんにやったほうがよければ、そういう社会が存在《そんざい》しているはずです。

でも、21世紀のいま、そんな社会はありません。

貧《まず》しくて、学校に行くことのできない子どもたちはたくさんいますが、たとえどんな社会であろうと、子どもたちの学ぶ権利《けんり》が奪《うば》われてはいけない、と考えられています。

勉強して損《そん》をすることはありません。

いまは役に立たないように思えていることでも、やらないより、やっておいたほうが絶対《ぜったい》に得策《とくさく》なのです。

「なんのために勉強するのか」

この問いに対して、ぼくが大学生によく言っているのは、

「学ぶことは、自分のなかに『多様性《たようせい》の森』を育てることだ」

という言葉です。

さまざまな先人の知恵《ちえ》、いろいろなものの見方を身につけることで、自分自身を豊《ゆた》かに、大きくしていく。

何かのときに、自分がつちかってきた力を活用して、強く生きていけるようにする。

それが勉強です。

「多様性《たようせい》の森」とは、種類の異《こと》なるいろいろな木を育てる、という意味です。

一種類の木だけが生えている森に、もしその種類の木をダメにする虫が大量発生し

たら、その森は一気に全部やられてしまいます。

しかし、いろいろな種類の木が生えている森は、全滅《ぜんめつ》しません。あれがダメでも、これがある。つまり、ある考え方でダメでも、別の考え方なら大丈夫、というのが多《た》様性《ようせい》の強みです。

そういう多様《たよう》な森を、自分のなかに育てていくこと、それが勉強の目的です。

第2の格言《かくげん》

勉強は、自分をいまよりもっと生きやすくしてくれる。「知る」「考える」喜びが、人生にワクワクやイキイキを増《ふ》やすんだ。

大切なのは……
すこしずつ……を
つづけること

第3章

学校に行く意味ってなに？

学校に行かなくても勉強はできる

学校に行けない、いわゆる「不登校」で悩《なや》む人たちがとても増《ふ》えています。

学校に行きたくない、行こうと思っても体調が悪くなって行けない、その理由は一人ひとりみんな違《ちが》います。

「いじめを受けている」とか、「勉強についていけない」といったはっきりした原因《げんいん》がなくても、学校に行けなくなってしまうことはあります。

「なぜ学校に行く必要があるのか?」

「なんのために行かなきゃいけないのかがわからない」

こんな疑問《ぎもん》をもつ人は少なくないでしょう。

勉強をするためだったら、いまは普通《ふつう》に学校に通わなくても、ほかにいろいろな方法があります。ネットを使って通信制《つうしんせい》の学校で学ぶ、家庭教師《きょうし》に来てもらう、塾《じゅく》にだけ行く……。

また、不登校の人たちを支援《しえん》するためのフリースクールや適応指導《てきおうしどう》教室といったところもあります。

学校に行けなくなっても、勉強することはできる。では、なぜ学校が必要なのかという話をしましょう。

学歴は「通行手形」のようなもの

江戸《えど》時代の日本では、旅をするには許可証《きょかしょう》が必要でした。

それが「通行手形」。関所でそれを見せないと、よその土地に行けなかったのです。

いまでいえばパスポートのようなものですね。

現在《げんざい》の日本の社会では、どのレベルの学校を出ているかということが、社会人のひとつの通行手形のようなものなんです。

中学を卒業しただけなのと、高校卒業とでは、やらせてもらえる仕事が違《ちが》う。給料も違《ちが》う。

高校卒業と、大学卒業とでも違《ちが》う。

さらにいえば、どこの大学を出ているかで、出世コースに乗れるかどうかが違《ちが》う。これが学歴社会です。
どんな学校を出ているかが、その人の社会的な立場を決定づけてしまう。これは日本だけでなく、世界中にあります。

それでも、以前にくらべたらいまは学歴偏重傾向《へんちょうけいこう》がやわらいでいます。

昔は、いい大学に入り、一流企業《きぎょう》に就職《しゅうしょく》できたら、待遇《たいぐう》も給料も安泰《あんたい》、安定した幸せな人生が送れる、と考えられていました。一度就職《しゅうしょく》したら終身雇用《こよう》で一生その会社に勤《つと》めていられたので、学歴の影響《えいきょう》はとても大きかったのです。

ところが、いまは大企業《だいきぎょう》でも突然傾《とつぜんかたむ》くことがありますし、リストラもあります。学校卒業と同時に入った会社に一生勤《つと》めつづけることは減《へ》っています。

学歴にあまり関係なく、能力《のうりょく》の高さやこれまでの実績《じっせき》で採用《さいよう》されたり、上の立場に登用されたりすることも増《ふ》えてきました。

そういう意味で、ずいぶん自由度が高くなってきています。

けれども、それはまだ一部の会社の話。珍《めずら》しいから話題になりやすいということなんですね。

日本の社会のあり方として、学歴を重視《じゅうし》する状況《じょうきょう》は、大きくは変わっていません。

すべてが学歴で決まるわけではないですが、高学歴であることは、なにかと有利なのです。

高学歴の人は、まず就活《しゅうかつ》、就職《しゅうしょく》試験で有利です。ペーパー試験の実力が同じくらいだった人がふたりいて、どちらかを選ぶとなったら、一流大学の人が採用《さいよう》される確《かく》率《りつ》が高い。

高学歴の人は、選択肢《せんたくし》も広い。「やる気があれば、関係ないよ」と言ってあげたいのですが、学歴によって同じスタートラインに立つことすらできないこともあります。

高学歴の人は、生涯年収《しょうがいねんしゅう》が多い。収入《しゅうにゅう》が高い職《しょく》につくことができるので、お金をかせぎやすいのです。

これが社会の実像《じつぞう》です。

現実《げんじつ》は厳《きび》しい

「そういう社会がイヤ」

「いい学校、いい会社に行くことが幸せだとは思えない。自分はそういうコースに乗りたくない」

こんな考え方をもつ人もいるでしょう。

きみが、「そんな通行手形なんか欲《ほ》しいと思わない」と考えるのは自由です。

しかし生きていくためには、働いてお金をかせがなくてはいけません。そのとき、現実《げんじつ》に直面します。

たとえば、高校を中退《ちゅうたい》して仕事を探《さが》そうとすると、すぐにその現実《げんじつ》の壁《かべ》にぶち当たります。

高校中退《ちゅうたい》ということは、学歴は「中卒」ということになります。

仕事の種類がものすごく限定《げんてい》されます。

収入《しゅうにゅう》も少ない。

おまけに、できる仕事の内容《ないよう》は、危《あぶ》ないものだったり、きついものだったりしがちです。

いざ仕事を探《さが》す段《だん》になって、

「これが社会の厳《きび》しさってやつか」

と、想像《そうぞう》以上に厚《あつ》い壁《かべ》にがくぜんとすることになるんです。

実際《じっさい》、高校を中退《ちゅうたい》したけれど、考え直したという人は多いんですよ。「もう一回、高校に行き直したい」とか、「高校の卒業資格《しかく》を取りたい」「大学にも行きたいと思う」と考えるようになる人はとても多い。

高校に行かなくても、高卒資格《しかく》を取る試験があります。

以前は「大学入学資格検定《しかくけんてい》（大検《だいけん》）」と呼《よ》ばれていましたが、いまは「高等学校卒業程度認定試験《ていどにんていしけん》」という名称《めいしょう》に代わり、「高卒認定《にんてい》」「高認《こうにん》」と呼《よ》びならわされています。高校を卒業した人と同じくらいの学力があると認《みと》められ、大学や専門《せんもん》学校などへの受験資格《じゅけんしかく》を得ることができる制度《せいど》です。

ぼくが教えている大学にも、ときどき高認《こうにん》で受験資格《じゅけんしかく》を得て入学してきた人がいます。高校に行かなくても、大学に進むことはできるわけです。

ですから、やり直しはきく。

やり直そうとしたら、もう一度別のやり方で歩み直すことは十分可能《かのう》です。ただし、学校に行きつづけていたこととくらべると、それなりにエネルギーが必要になります。

学校に行かなくても、生きていく道はあります。ありますけれど、けっして楽な道ではありません。

単純《たんじゅん》に「もうイヤだ」といった一時の衝動《しょうどう》で学校に行くのをやめてしまうようなことは、できるだけ避《さ》けてほしいな、とぼくは思うわけです。

10代の脳《のう》は感情《かんじょう》の抑制《よくせい》がききにくい

中学生くらいになると、体格的《たいかくてき》にはもう大人並《な》みになってくる人もいます。しかし、まだ脳《のう》も身体《からだ》も発育の途中《とちゅう》。大人になっているとは言えません。思春期はホルモンバランスも不安定で、成人とはいろいろ違《ちが》うんです。

10代の脳《のう》は、まだ未完成だということが、最近の脳《のう》科学の研究でわかってきました。フランシス・ジェンセン博士の『10代の脳《のう》』（文藝春秋《ぶんげいしゅんじゅう》）という本によれば、10代は学習能力《のうりょく》の黄金期だが、フル回転する脳《のう》を制御《せいぎょ》しきれないために、キレやすくなっているということです。

10代の脳《のう》は、未完成なのです。

10代の脳《のう》は感情《かんじょう》の抑制《よくせい》がききにくい、ということが判明《はんめい》してきています。

脳《のう》のなかでいちばん後から成熟《せいじゅく》するといわれているのが、「前頭前野《ぜんとうぜんや》」、感情《かんじょう》や衝動《しょうどう》を抑制《よくせい》する部位です。前頭前野《ぜんとうぜんや》がきちんとはたらき、脳《のう》のほかの部分とのつながりがよくなることで、感情《かんじょう》の高まりがコントロールされます。

つまり、脳《のう》のなかで衝動《しょうどう》を抑《おさ》える機能《きのう》が整うのは、いちばん最後になる。中高生というのはその過渡期《かとき》にあるので、感情《かんじょう》が抑《おさ》えにくいらしいのです。

気分が不安定になりやすく、やたらとイライラしたり、キレやすくなったりしてしまうのは、思春期に活発になる性《せい》ホルモンが、脳《のう》の「扁桃体《へんとうたい》」を刺激《しげき》するからだといわれます。

ホルモンの影響《えいきょう》で、扁桃体《へんとうたい》が過剰《かじょう》に反応《はんのう》してしまい、不安や恐怖《きょうふ》の感情《かんじょう》がふくらんで感情爆発《かんじょうばくはつ》を起こしやすくなるのだとか。

これも、前頭前野《ぜんとうぜんや》が感情《かんじょう》の激化《げきか》を制御《せいぎょ》できるようになると、落ちついてくるのです。前頭前野《ぜんとうぜんや》は、おでこに近い所。これは、音読など、勉強をすると発達します。勉強をすることで、感情《かんじょう》をコントロールする力もつきます。

中高生くらいの時期は、よく「がまんがきかない」「カッとなって自暴自棄《じぼうじき》になりやすい」といわれます。衝動的《しょうどうてき》に早まったことをしやすい。思い当たるところがある人もいるんじゃないかな?

それは**きみの心や性格《せいかく》に問題があるというより、思春期という時期の脳《のう》と身体《からだ》の状態《じょうたい》が、そうさせてしまう**のです。

その数年間を乗り越《こ》えられたら、いまほどの息苦しさを感じなくなります。脳《のう》が成熟《せいじゅく》し、脳内《のうない》のバランスがとれてくると、一時的な感情《かんじょう》で暴走《ぼうそう》してしまうようなことは減《へ》ってきます。ものごとを冷静にとらえることができるようになるのです。

そういうことをぜひとも知っておいてほしい、覚えておいてほしいんです。

そして、直情的《ちょくじょうてき》な感情《かんじょう》で、だれかを深く傷《きず》つけてしまう、学校をやめてしまう、自殺しようとする……、そういったことを避《さ》けてもらいたいのです。

学校に行くのは人とかかわるため

さて、なんのために学校に行くのかに戻《もど》りましょう。

学校とはたしかに勉強をしに行く場所ですが、じつは勉強以外の意味がすごく大きいんです。

毎日、ほかの人とかかわりに行くことに意味があるんですよ。

ルールのなかで生活し、集団《しゅうだん》のひとりとして、ほかの人たちとそれなりにうまくやっていく力を養うんです。

学校には、いろいろな人が集まってきています。育った環境《かんきょう》、性格《せいかく》、ものの考え方の違《ちが》う人たちがいます。気の合う人もいるけれど、合わない人もいる。

学校は、小さな社会です。

その一員として、いろいろな出来事があるなかでなんとかやっていくというのは、**社会という場で生きていくための練習、予行演習《えんしゅう》**なんです。

毎朝、学校に行って、授業《じゅぎょう》を受けて、友だちとの関係で笑ったり、怒《おこ》ったり、悩《なや》んだり、泣いたりして、おもしろくないテスト勉強というものも一応《いちおう》こなして生活する。

ただ毎日そこにいるだけでもいいんです。

なんとなくでも学校に行っていると、社会で生きていくコツがつかめるようになります。

それが学校に行くことのメリット、いちばん大きな意味です。

本当は、異年齢《いねんれい》の人たちも交《ま》じっているほうがもっと一般《いっぱん》社会に近くなります。部活などは、先輩《せんぱい》・後輩《こうはい》のタテの関係によって、1年、2年の差のなかで、年長者、年少者としてのつきあい方を覚えるわけです。

そういう経験《けいけん》をしておくことで、世代の違《ちが》う人と接《せっ》する練習になります。

学校は、言ってみれば「人にもまれることに慣《な》れる」ために行くんです。

きみはスクランブル交差点を渡《わた》ったことがありますか？

縦《たて》、横、ななめから、人が行き交《か》う交差点です。

日本でいちばん有名なのが、東京の渋谷駅前《しぶやえきまえ》のスクランブル交差点。多いときには、1回の青信号で3000人ぐらいの人たちが渡《わた》るそうです。

よく、外国人観光客が写真や動画を撮《と》っています。それは、あれだけの大勢《おおぜい》の人が、まったくぶつかることなく、トラブルひとつなくすれ違《ちが》っているのがおもしろいから。

海外にもスクランブル交差点はありますが、あんなに人が多いのに、みんなが何食わぬ顔で行き交《か》うのは珍《めずら》しいようです。「日本人は、いったいどうやってあのセンスを身につけたのか興味《きょうみ》がある」と言っている外国人もいました。

雑踏《ざっとう》を歩くことに慣《な》れていない人は、スクランブル交差点がこわくて歩けません。ぶつかってしまいそうで踏《ふ》み出せない。足がすくんでしまう、と言う人もいます。

スクランブル交差点をなにげなく渡《わた》れるようになるために、特別な技術《ぎじゅつ》はいりません。

必要なのは「慣《な》れ」です。人との距離感《きょりかん》。人との間合い。スピード。

そういうものに慣《な》れたら、自然と人と人の間をすり抜《ぬ》けてスクランブル交差点を渡《わた》れるようになるんです。

人間関係に慣《な》れることも、それと似《に》ています。

慣《な》れるためには練習が必要

スクランブル交差点を歩いたことがない人が、突然《とつぜん》、渡《わた》ろうとすると、いろいろな人にぶつかりまくります。立ち止まって、おろおろしていると、信号が赤に変わってしまう。

「なんだ、この人たちはガンガンぶつかってきて。ここはろくでもないところだなあ。もう来たくない」

そんなふうに思って、そこを通るのをやめてしまうと、スクランブル交差点はずっと苦手なままです。

うまく渡《わた》れないのは能力《のうりょく》がないから？

そんなことは関係ありません。

単に練習をしていないだけです。慣《な》れていないだけ。

社会に慣《な》れるためには、実際《じっさい》に日々《ひび》小さな体験をいろいろ積むしかないんです。「こういうことを言うと、友だちを怒《おこ》らせてしまう」とか、「こういうことをすると、部活の先輩《せんぱい》ににらまれる」とか、人とぶつかるのはどういうことが原因《げんいん》かということを、経験《けいけん》のなかで学んでいくことで、人との距離《きょり》の取り方がわかってきます。

小学校、中学、高校と12年にわたって、毎日毎日そういう小さな体験を積み上げていったら、すごい経験値《けいけんち》になります。

対人関係の基礎力《きそりょく》みたいなものは、そうやって学校に行くなかで身につけていくのが、いちばん手堅《てがた》いんです。

ふだん、学校生活を送っているときに、

「自分はいま、人間関係の力をつけるために学校に通っています」

なんて、それほどはっきり思っていませんよね。

だけど、日々《ひび》の生活のなかで、いろいろなことに対応《たいおう》できる力がいつのまにか養われ、社会性《しゃかいせい》がいつのまにか、つちかわれていくのです。

いろいろな状況《じょうきょう》を受け入れられるようになるということは、自分が広がることです。人間関係力がついてくることも、自分を広げていくことなのです。

本来は、人間関係にあまり器用ではなくても、ちゃんと生きていける社会であることが望ましいと思います。

しかし、残念ながらいまはますますコミュニケーション能力《のうりょく》が要求される社会になっています。

対人関係に慣《な》れる練習を、小さな社会のなかで積んでおくことは、いまの社会に適《てき》応《おう》していく道、生きやすくなる道です。

やり過《す》ごすことも覚えよう

自分ではどうにもならないこと、憂《ゆう》うつになる関係性《かんけいせい》、「イヤだなあ」と思うこと、いろいろありますよね。

たとえば、クラスの気が合わない人とのつき合いがしんどい。

部活の先輩《せんぱい》・後輩《こうはい》の上下関係がしんどい。

繊細《せんさい》で、まじめな人ほど、置かれた状況《じょうきょう》をつらく感じるものです。

きみたちの課題は、「いまのしんどさ」をいかに乗りきるかにあります。

鴨長明《かものちょうめい》の『方丈記《ほうじょうき》』の最初に、こんな言葉が出てきます。

「ゆく河《かわ》の流れは絶《た》えずして、しかも、もとの水にあらず」

川の流れを見ていると、水は流れが途絶《とだ》えることはないが、それは同じ水ではなくて、つねに新しい水が流れているのだ、と言っているんです。

時間の流れも同じです。

「毎日、つらい状況《じょうきょう》は変わらない、これがずっと続くんだ」と思ってしまうと、憂《ゆう》つでどうしようもなくなるでしょうが、時が流れれば必ず状況《じょうきょう》は変わります。

イヤなクラスメイトがいても、クラス替《が》えがあれば、離《はな》れられるかもしれません。

イヤな先輩《せんぱい》は、3年になれば引退《いんたい》します。そして卒業していなくなり、自分たちが上級生になります。

イヤなことを、「イヤだ、イヤだ、もう耐《た》えられない」と嘆《なげ》くのではなく、**静かに「やり過《す》ごす」ことも大事**なんですね。

川の流れのように流れゆくものとして考える。

台風だと考えるのもいいかもしれない。

雨や風が激《はげ》しく吹《ふ》きつけて大変。だけど風雨がずっと続くことはありません。台風は通り過《す》ぎていきます。

どうしようもないことは、やり過《す》ごせばいいんです。

勉強だってそう。勉強がきらいで学校がイヤでたまらなくても、いずれ勉強というものから離《はな》れる時期が来ます。試験なんてある時期だけのもので、試される時期はいずれ終わるんです。テストと無縁《むえん》になるときが来るんです。

いまのしんどさがずっと続くわけではないのです。

イヤなこと、つらいことはみんな台風みたいなもの、通り過《す》ぎていくんです。そう思えれば、ちょっと気が楽になるんじゃないかな?

非常口《ひじょうぐち》はつねにある

やり過《す》ごすという対処《たいしょ》の仕方でも、どうしようもないようなこともあるでしょう。いじめが悪質《あくしつ》で本当にひどいとか、先生が理不尽《りふじん》でわかってくれないとか、学校の気質《きしつ》が自分とは合わないとか、困《こま》りきってしまうこともあると思います。台風のときも、家が危険《きけん》だったら安全な場所に避難《ひなん》することが必要になります。自分の身が危険《きけん》にさらされてしまうようならば、逃《に》げなくてはいけません。それは臆病《おくびょう》なことではなく、自分の身を守るために大切なこと。公共の建物や乗り物には、必ず「非常口《ひじょうぐち》」があります。緊急事態《きんきゅうじたい》が発生したときのための出口。

非常時《ひじょうじ》にはそのトビラを使うんです。自分はここではどうしてもやっていけないと思ったときには、非常口《ひじょうぐち》から脱出《だっしゅつ》する。逃《に》げなければ、死んでしまうかもしれない。**逃《に》げて、命が助かれば、その先には必ず別の道があります。**

非常口《ひじょうぐち》は、信頼《しんらい》できる大人に相談することです。

そういうときは、同年代の友だちではなく、大人がいいんです。どんなに気が合っても、どんなにいろいろなことをわかっているようでも、きみたち世代の知っている世界は、狭《せま》いんです。

大人のほうが、いろいろな経験《けいけん》を積んで、いろいろなことを知っています。広い視《し》野《や》でものを見られる。

だから、大人の力を借りる。

家族に言えなかったら、悩《なや》み相談窓口《まどぐち》を頼《たよ》ってください。

助けてくれる大人が必ずいますから。

つらい思いから逃《のが》れ、生き延《の》びる道を探《さが》す。他の道もあるということを柔軟《じゅうなん》に考えられるのが、本当の頭のいい生き方です。

第３の格言《かくげん》

学校は、いろいろな人がいることを知り、人との接《せつ》し方の練習をするところと思いなさい。

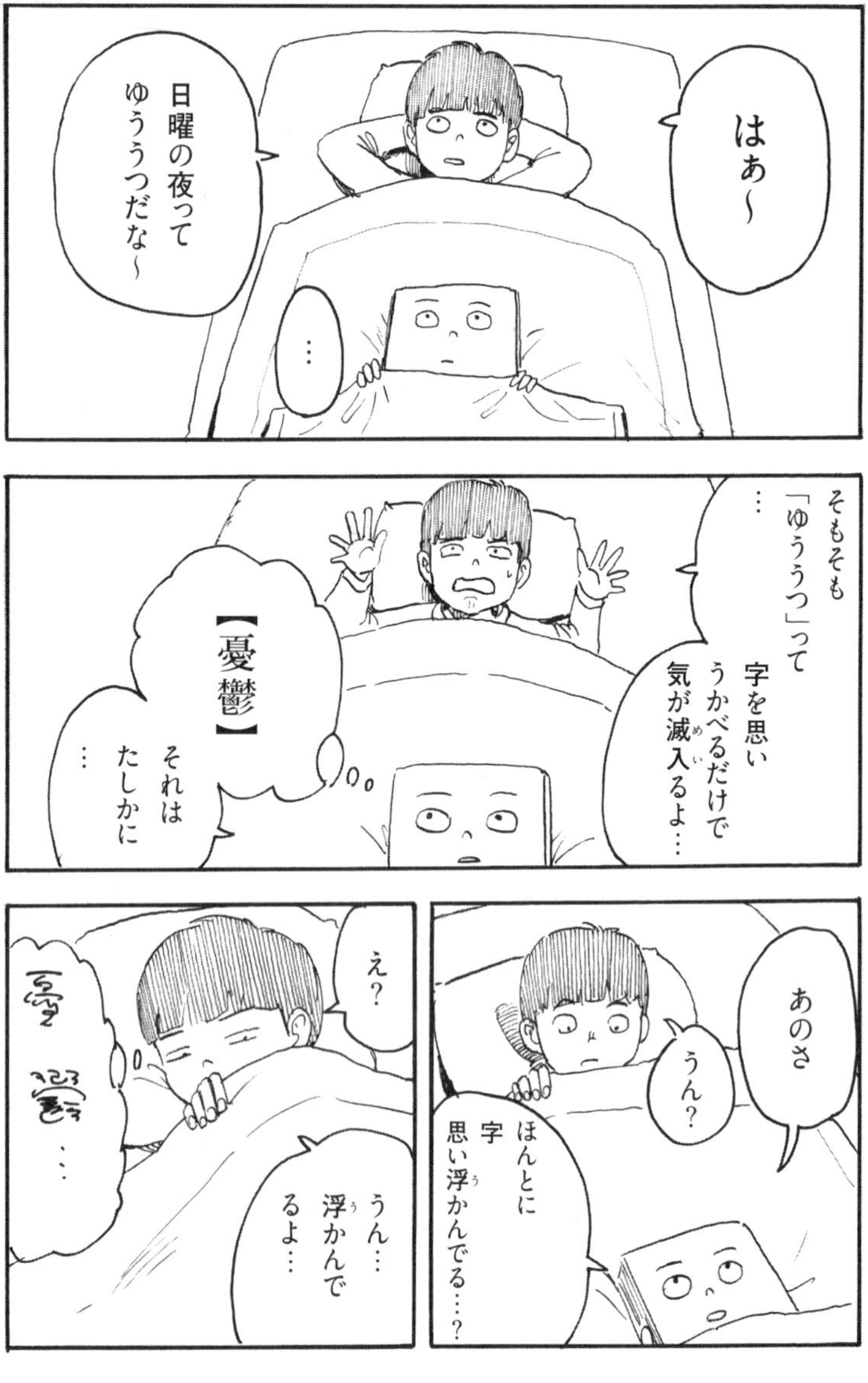

はぁ〜
日曜の夜って
ゆううつだな〜
…
そもそも「ゆううつ」って…
字を思いうかべるだけで気が滅《め》入《い》るよ…
【憂鬱】
それはたしかに…
あのさ
うん？
ほんとに字思い浮《う》かんでる…？
え？
うん…浮《う》かんでるよ…

第4章

受験《じゅけん》にはどんな戦術《せんじゅつ》で立ち向かうか？

戦略《せんりゃく》や戦術《せんじゅつ》を考えよう

自分は、「中学、高校に普通《ふつう》に通い、普通《ふつう》に大学を受験《じゅけん》しよう」という場合でも、早くから着々《ちゃくちゃく》と準備《じゅんび》を進める人もいれば、ギリギリまであまり真剣《しんけん》になれない人もいます。

中学生、高校生の時期に、勉強以外の何かに打ちこむのも大事なことですから、どう過《す》ごすかは自由です。

ただ、学校の勉強、受験《じゅけん》勉強というものに対して、

「自分はどういう戦略《せんりゃく》、戦術《せんじゅつ》で臨《のぞ》むか」

ということは考えておく必要があります。

毎日やりたいことに熱中していても、戦略《せんりゃく》が立っていれば、「いま、自分はどうするべきか」がわかります。

そこをぼんやりさせたままだと、いろいろ後悔《こうかい》することになってしまうんです。

中学受験《じゅけん》、高校受験《じゅけん》、大学受験《じゅけん》、大学院受験《じゅけん》と、人よりもたくさんの受験経験《じゅけんけいけん》を積んできたぼく自身の話をしましょう。

中学受験《じゅけん》をしたのは、小学生ならではの軽いノリです。家族から「どう？　受けてみる？」と言われて、やったことのないことにチャレンジしたくなったのです。

ぼくが入ったのは、地元静岡《しずおか》の国立大学の付属《ふぞく》中学校でした。自由な校風の学校で、ぼくはテニス部に入って、1年、2年をのびのびと楽しく過《す》ごします。

テスト勉強がきらいで仕方なかったぼくですが、前に話した（↓51P）ように、友だちと「しゃべくり勉強法」というやり方を編《あ》み出して、中間テスト、期末テストはそれで乗りきっていました。

好きなことをやり、友だちと楽しく過《す》ごしていたのびのび中学生だったぼくも、3年生になるとのびのびばかりしていられなくなりました。

というのは、そこには付属《ふぞく》高校がなかったんです。

中高一貫校《いっかんこう》の場合は、中学受験《じゅけん》をして入ったら、そのまま高校にも進めて、6年間はまず安心ですね。ところが、ぼくらのところはそうではなかったんです。

だから、高校に進む際《さい》にも、またどこかを受験《じゅけん》しなければいけなかった。

中学3年で部活も終わったところで、ぼくはその現実《げんじつ》に直面しました。

ぼくは志望《しぼう》の公立高校一つしか受験しなかったので、「ここを落ちたら行くところがない」ということで、受験《じゅけん》勉強をせざるを得なくなるわけです。

「選択肢《せんたくし》が制限《せいげん》されるのはイヤだ」

いつもいっしょにしゃべくり勉強をしていた友だちと、話すわけですよ。

「どこを受けるか」

「なんのために受験《じゅけん》勉強をする必要があるんだろうか」

といったことを。

見いだした結論《けつろん》は、「最高を目指そう!」でした。

ぼくは学校名で低く見られるのがイヤでした。どこの高校に行っているかで見方がちがうのを感じていました。

「なんだ○○高校かぁ」と軽く見られるのが耐《た》えられない。

少なくとも、いま目指せる最高のところに行けば、そういう可能性《かのうせい》はなくなる、などと語り合ったわけです。

また、レベルの高い高校に行けば、それだけ周囲の仲間から受ける刺激《しげき》も多い。テニスもそうですが、力の似通《にかよ》ったライバルがいると、やる気が出るし、力も伸《の》びます。そういうなかに身を置けば、大学もハイレベルを狙《ねら》いやすくなる、とも考えました。

とにかく、「どこの学校に行ったかで、先々《さきざき》の可能性《かのうせい》が狭《せば》められるのはイヤだ」という思いがあったんです。

それは、大学の志望校《しぼうこう》を決めるときにもありました。

「あなたは△△大学なので、うちの会社には入れませんよ」

といった事態《じたい》は避《さ》けたい。

そんな差別があっていいのかと思うけれど、実際《じっさい》の社会には、そういうことが壁《かべ》として立ちはだかっています。そのときにくやしい思いをしたくない。

いま受験《じゅけん》勉強に本気になるかどうかで、人生が制限《せいげん》されてしまうとなると、

「あのとき、なんで勉強しなかったのか。もっと勉強しておけばよかった」

と後悔《こうかい》すると思いました。

「最高を目指そう！」です。

そのためには、きらいな受験《じゅけん》勉強をやるしかないか、と肚《はら》がすわったんです。

自分に合ったやり方だと疲《つか》れない

ぼくは性格的《せいかくてき》に、毎日地道にコツコツとやるというのが苦手なのです。集中力はあるけれど、飽《あ》きっぽい。

目標《もくひょう》に向かって短期決戦型のやり方をするほうが、効率《こうりつ》が上がるんです。

ふだんは部活ばっかりやる生活ですが、中間テスト、期末テストが近づくと、2週間ぐらい前から一気に集中してやる、というスタイルでした。「部活期」と「試験勉強期」、完全な2色色分け方式でやっていたんです。

しかし、受験《じゅけん》勉強というのは学期のテストと違《ちが》い、長期戦です。

どうしたら飽《あ》きずにやれるだろうか。

ぼくは、「2週間なら集中できた」ということを考えてみました。

それで、**2週間ごとに、この教科を重点的にやる、という目標《もくひょう》を立てた**のです。「ただいま、英語集中強化ウィーク」「いまは数学強化ウィーク」「今週から世界史強化ウィーク」といった具合に、2週間徹底的《てっていてき》に「その教科漬《づ》け」になるのです。

2週間それればかりやっていると、自分がかなり進歩した実感がわきます。手ごたえがある。できるようになった気がして、充実感《じゅうじつかん》もある。気持ちがいいんです。

コツは、似《に》た教科を続けないことです。世界史を2週間やったら、次は数学、というように、頭の使い方が異《こと》なる教科をうまく組み合わせていくといいんです。暗記ものが何週間も続いたら、それはイヤになっちゃいますから。

自分に合ったやり方だと疲《つか》れを感じずにできます。

ぼくのように、集中的にエイッと力を出すのが合っているタイプには、「2週間漬《づ》け勉強法」は疲《つか》れず、飽《あ》きずにできる方法でした。

逆《ぎゃく》に、毎日、どの教科もバランスよくコツコツとやるのが合う人もいます。持久《じきゅう》力《りょく》のあるタイプの人には、そういう人の疲《つか》れないやり方があると思います。

「自分が疲《つか》れずにやれるのは、どういう方法だろう?」

と考えてみましょう。

自分らしい戦術《せんじゅつ》は一生使えるものになる

ぼくはいまも原稿《げんこう》を書くとき、設定《せってい》された締《し》め切りの日が近くなるとエンジンがかかり、ものすごく集中します。時間の余裕《よゆう》がたっぷりあるよりも、限《かぎ》られた時間のなかでのほうが頭がよくまわるのです。

たぶん、学生時代につねにコツコツと勉強していたタイプの人は、仕事も毎日少しずつじっくり仕上げていくというやり方をするようになります。

「こうやると疲《つか》れない」「こうやるとはかどる」「こうやると楽しくできる」

自分に合った勉強の仕方というのは、その人の身体《からだ》に沁《し》みこんだものになり、この先どんな勉強をするときも、大人になって仕事をするときも、そのやり方が活《い》きます。

自分の得意スタイルになっていくんです。

いま考えると、「人に話して覚える」というのも、ぼくに合った戦術《せんじゅつ》でした。

ぼくは受験《じゅけん》勉強のときもずっとこの方法を用いていましたが、いま、大学の授業《じゅぎょう》や講演《こうえん》で何時間話しつづけても疲《つか》れないのは、人に話すことのトレーニングをひたすら積んできたからです。

戦術《せんじゅつ》というのは、ちょっとしたことでもいいんですよ。

たとえば、色分けすると覚えやすい人は、マーカーとかボールペンで色分けをしてやっているでしょう? それを自分の戦術《せんじゅつ》だと意識《いしき》して、「色分け勉強法」と名づけちゃう。

ぼくは、本を読むときも、勉強するときも、線を引いて読むと頭がすっきり整理しやすかったので、それをのちに「三色ボールペン方式」というひとつのメソッドにしてしまいました。

客観的にまあ大事なところは「青」。

客観的にすごく大事なところは「赤」。

自分が主観的におもしろいと思ったところは「緑」。

この三色に分けて線を引くと、覚えなくてはいけないところもはっきりするし、ポイントがすっきり整理できる。

勉強で使えば「三色ボールペン勉強法」になるし、本を読むときに使えば「三色ボールペン読書術《どくしょじゅつ》」になるし、ノートの取り方もこのやり方を使えば「三色ボールペン式ノート術《じゅつ》」になります。

いつもそうやって三色に分けて考えるやり方で頭をはたらかせていることで、そういう思考がだんだん自分の「ワザ」として身についていきます。

きみの戦術《せんじゅつ》も、自分の一生もののワザにしていけますよ。

まず自信の柱をつくる

自分が疲《つか》れずにできるやり方がわかると、「これならできる」という気持ちになれます。自信がつきます。

教科に対しても、**「これは自信がある」という得意な科目をつくってしまうと強みになります。**

小学生のときに運動のできる子は、自分のことを「運動神経《しんけい》がいい、スポーツが得意」と思っています。

実際《じっさい》には足が速いのが取り柄《え》で、球技《きゅうぎ》をやったらあまりうまくなかったとか、身体《からだ》がかたくて体操系《たいそうけい》はさっぱりということもあります。でも、足が速い子は、「自分は運動ができる」と思っています。

何かで自信がもてることがあると、自己評価《じこひょうか》が高くなります。

自分を認《みと》める**「自己肯定力《じここうていりょく》」をもてる**んです。

それと同じで、とりあえず何か得意な教科ができると、自己肯定感《じここうていかん》がわいてきます。

「自分は頭がよくない」と思うことがなくなっちゃうんです。

だから、得意な教科をつくって、自分の自信の柱にするといいのです。

「もともと生き物が好きだから生物」でも、「鉄道マニアだから地理」でも、なんでもいいんですよ。

好きなことを土台にして、それとつながりが深い教科を得意にしていくというのは、とても自然でやりやすいやり方です。

英語ができるとメリットが大きい

受験《じゅけん》に有利になるという点では、英語ができると大きな強みになります。文系《ぶんけい》に進むにしても、理系《りけい》に進むにしても、英語が入試科目にないというところはありません。しかも、英語の配点が高いところも多いです。

英語は語学、つまり言語ですから、だれでも使えるもの。やればだれでも習熟《しゅうじゅく》していくものです。やっても、やっても進歩がない、理解《りかい》できないというものではありません。**やればやった分だけできるようになる教科**です。

いまはあまり得意でなくても、好きだと思えればやる気が出ます。きらいになったり、苦手意識《いしき》をもってしまったりしないということが大事なんです。

これは、受験《じゅけん》勉強だけのことではありません。

英語は、大人になってからも、いちばん必要度が高く、ずっと勉強しつづけることが求められます。できるだけ苦手意識《いしき》をもたないようにしてほしいんです。

「英語なんてできなくてもいい」

と投げてしまうのは、長い人生のうえでとてももったいないことです。

たとえば、きみたちがYouTubeで何かを発信するとしましょう。日本語で発信したものは、日本語のわかる人にしか見てもらえません。それを**英語で発信できれば、世界中を相手にできる。チャンスをどれだけ広げられるか**、ということです。

いまはそういう時代です。だから、英語を学ぼうという気持ちを投げ出してはいけない。それはとてももったいないことなんです。

受験《じゅけん》のカギを握《にぎ》れるぞ！

英語が得意になると、受験《じゅけん》のカギを握《にぎ》ることができます。

というのは、英語ができると難関《なんかん》大学を突破《とっぱ》しやすいのです。

たとえば、私立文系《しりつぶんけい》の大学入試科目は、国語、英語、あとは社会を1科目選択《せんたく》という3教科というところがほとんどです。

国語は、古文、漢文では覚えなければいけないことも多少ありますが、現代《げんだい》国語は読解力《どっかいりょく》なので、どういう勉強をしたら力がつくかというのがわかりにくい。受験《じゅけん》勉強の成果が出にくいんですね。

その点、英語はやればやっただけ伸《の》びますから、高い点に結びつきやすい。

あとは社会の1科目だけ集中してやれば、十分戦えます。


また、私立《しりつ》の理系《りけい》を狙《ねら》う人は、どちらかというと理数系《りすうけい》が得意で、国語や英語はあまり得意でないことが多いから、英語ができればやっぱり有利。

国立大学狙《ねら》いで入試科目が多い場合、いろいろな教科の勉強をしなくてはいけないので大変ですが、1科目の配点は少なくなるので、英語で高い得点が取れれば、点数のよくない科目をカバーすることができます。

理系志望《りけいしぼう》であろうと、国公立志望《しぼう》であろうと、とりあえず英語の勉強を積み重ねてできるようにしておくと、なんとかなりやすいんです。


もちろん、英語だけに価値《かち》があると言っているわけではありませんよ。どの教科も大事、どの教科にも意味があります。

ですが、日本の現状《げんじょう》の受験制度《じゅけんせいど》において、**勉強の成果がはっきり点数にあらわれや**

すいのは英語だということ。英語ができるとメリットが多いんです。

「へえ、あそこに受かったの？　優秀《ゆうしゅう》だね」とか「すごいね、頭がいいんだね」などとよくいいますが、**決め手になるのは戦略《せんりゃく》**です。人によって戦い方はさまざまです。

自分はどういう戦い方をすればいいのか。受験《じゅけん》を勝ち抜《ぬ》くには、ただ勉強すればいいのではなくて、どんな戦略《せんりゃく》をもつかが非常《ひじょう》に大切なのです。

国語との向き合い方

国語はどうでしょうか。

「正しく読む・書く・聞く・話す」、これが国語の根幹《こんかん》です。

ぼくらは、日本語を用いて生活しています。自分が生まれ育ったなかで獲得《かくとく》してきた言語を「母語」といいますが、日本語を母語としている人は、何を勉強するにも日本語、国語を使っています。

人とコミュニケーションをとるのも国語。自分の考えを表現《ひょうげん》するのも国語。国語が不得手であると、いろいろな場面で損《そん》をするし、不自由します。

国語の能力《のうりょく》をつけることは基本中《きほんちゅう》の基本《きほん》。

ところが、**受験《じゅけん》教科としていちばん「勉強の仕方がわからない」**といわれるのも国語です。

とくに現代《げんだい》国語。古文や漢文は、文法を覚えれば強くなります。でも、現代《げんだい》国語の読解《どっかい》というのは、知識《ちしき》で解《と》くわけではありません。「これが正解《せいかい》」という絶対的《ぜったいてき》な答えがあるわけではないことも、あいまいさにつながっています。

勉強しても成果が出にくく、勉強しなくてもできる人はできる。

言語なのですから、本当はだれだってできないはずはないんです。やればできるようになるはず。それができないというのは、必要なレベルまで勉強が足りていないということになります。

一生使いつづけていく言語ですから、国語こそ、あいまいなものとしておいてはいけないんです。

ぼくは、国語の能力《のうりょく》は「語彙力《ごいりょく》」と「文脈力」に整理できると思っています。

語彙力《ごいりょく》＝使える言葉数を増《ふ》やす
文脈力＝意味をつかまえる

こうとらえてみてください。

英語では、みんな単語を一生懸命《いっしょうけんめい》覚えますね。知っている言葉、自分で使える言葉が増《ふ》えれば、理解《りかい》が進みます。

では国語で単語力をつけていますか？

小学生のときに漢字の書き取りはやります。しかし単語力をつける、すなわち語《ご》彙力《いりょく》をつける勉強は、みんなあまりしていないんです。

文脈力のほうはどうでしょうか。

文章読解力《どっかいりょく》とは、その文章が伝えようとしている意味を把握《はあく》することです。

会話にしても、相手が伝えようとしていることの意味をつかまえ、理解《りかい》することで、反応《はんのう》したり、返事をしたりできるわけです。

文章を読んだり書いたりするとき、人と話したり、人の話を聞いたりするとき、ぼくたちは語彙力《ごいりょく》と文脈力、このふたつを駆使《くし》しているんです。

文脈力、意味をつかまえるための勉強、きみはできているといえますか？

文脈力はどうしたらきたえられる？

英語の勉強で言えば、単語力をつけるとともに、文法で文章の法則性《ほうそくせい》を学びますね。しかし文法を覚えても、その文章がどういうことを伝えようとしているかをはっきり理解《りかい》できたとは言いきれません。

その前後関係だったり、状況《じょうきょう》だったり、文章の書き手の立場だったり、そういうものがわかることで、理解《りかい》が深まっていきます。それは文脈をつかむ力です。

数学の問題も、文脈を読み解《と》けないと意味を取り違《ちが》えてしまうことがあります。

会話をしていて話が通じにくい人は、文脈力が弱いのです。話の流れや意味をつかまえられていない、こちらが言っていることを正しく理解《りかい》できなかったり、聞いていることとは違《ちが》うことを答えたりするんですね。

どうしたら文脈力をきたえることができるか。

それは**本を読むこと**です。

本を読むと、おのずと言語能力《のうりょく》は磨《みが》かれていきます。

書いてあることの意味をつかまえたくて、本を読むからです。

たとえば、推理《すいり》小説は読んでいる途中《とちゅう》のさりげなく敷《し》かれている「伏線《ふくせん》」に気づけると、「ん？　これはちょっと怪《あや》しいんじゃないか？」などと想像《そうぞう》がふくらんで、もっとおもしろくなる。それに気づけないと、最後に結果がわかっても「へえ、そうか」とあまり感動なく終わってしまいます。

その差は何かというと、書いてあることをどこまで読み解《と》けて、おもしろがれるか、なんです。

文脈力がきたえられていると、一冊《いっさつ》の本がより楽しめる。

だから、本好きな人はますます本を読みたくなっていくわけです。

マンガでも同じです。

マンガは絵になっていますが、絵やセリフの端々《はしばし》にあるちょっとしたしかけ、工夫《くふう》に気づけると、ただストーリーを追って読んでいるよりも、もっとおもしろく読めるのです。

テレビドラマや映画《えいが》もそうです。

人との会話もそう。

だから、ぼくは、国語の場合は試験勉強というより、毎日の生活のなかで「文脈力を磨《みが》こう」と心がけて言葉に注意を払《はら》うというのが、いちばんの勉強になると思っています。

苦手科目をやる意味

「数学が苦手。私立文系《しりつぶんけい》だったら数学なしの3教科で大丈夫《だいじょうぶ》だから、自分はもう数学は捨《す》てて、3教科だけでいく」

これはひとつの戦略《せんりゃく》かもしれません。

ただ「数学をやらなくていいから」というだけで考えると、文系《ぶんけい》でも数学が入試科目にある国立大学は選択肢《せんたくし》からはずれるわけですね。

国立より私立《しりつ》のほうが、お金がかかります。地元にある国立大学に家から通うのと、東京でひとり暮《ぐ》らしをして私立《しりつ》大学に通うのとでは、経済的負担《けいざいてきふたん》が大きく違《ちが》います。

親に大学に行かせてもらうならば、経済的《けいざいてき》なことも配慮《はいりょ》しないといけません。

「数学がネックだから」というだけで選択肢《せんたくし》を狭《せば》めてしまうのは、あまり賢明《けんめい》ではないとぼくは思います。**可能性《かのうせい》はできるだけ残しておいたほうがいい。**

数学が苦手な人は理科もあまり好きじゃないという人が多いです。数学というのは、順序立《じゅんじょだ》てて考え、ひとつの解《かい》を導《みちび》きだすという論理的《ろんりてき》思考力を築《きず》きます。

理科も、ある根拠《こんきょ》のもとに科学的な理論《りろん》や実験を積み重ねていく学問分野。客観的で冷静なものの見方というのは、じつは数学的・理科的なものの考え方に支《ささ》えられている部分があります。

ですから、「自分には関係ないもの」と決めつけないほうがいいんですよ。

サッカーをするとき、右足が利《き》き足である人が、左足でボールをけろうとすると、うまくいきません。でも、練習を続けていると、それなりに上達します。

右足でけり出すシュートの技術《ぎじゅつ》をもっともっと磨《みが》いて、精度《せいど》を上げていくというのは上達の王道です。でも、右足でも左足でもけることができるようになったら、できることがグ～ンと広がります。

苦手なことをやれるようになると、自分の行動の自由度が増《ま》すんです。簡単《かんたん》に言えば強くなれる。タフになる。

苦手を克服《こくふく》するということでは、学校というのはとてもいい場所なんです。

食わずぎらいをなくすチャンス

高校の勉強は選択制《せんたくせい》の教科が多いですから、「これは苦手」とか「自分には必要ない」といったことで避《さ》けてしまうことができます。食わずぎらいをしてしまいがちなのです。

しかし、**自分ひとりなら絶対《ぜったい》やろうと思わないことをやれるのが、学校のいいところ**。文系《ぶんけい》の人が自分ひとりで勉強していて、積極的に微分《びぶん》・積分をやろうという気になるでしょうか。理数好きの人が、進んで古文を読もうとするでしょうか。学校の教科のひとつとして「やらなければいけないもの」として出合うからやるんです。

苦手と思いこんでいたけれど、食べてみたらおいしかったというものがあるように、やってみたら意外におもしろいということがあるんです。

学校とは、そういうものに出合いやすい場です。

そういう意味で、受験《じゅけん》科目にない教科もあなどってはいけませんよ。

学校でやる勉強は、基本的《きほんてき》には「思考力を養う」という共通点があります。ですから、「頭を、より柔軟《じゅうなん》にはたらくようにしたい」と思うなら、いろいろな教科を学んでおいたほうがいいんです。

いろいろなことをやっておくことによって全体的な力がつくんです。

そういう「総合力《そうごうりょく》」みたいなものが、社会でやっていくうえでの基礎力《きそりょく》になるわけですね。

人との出会いも同じじで、学校にはいろいろな人がいます。最初は「自分とは反《そ》りが合わなそう」と思った人と、知り合ってみたらものすごく仲のいい友だちになったりすることもあります。

積み重ねた努力には無駄《むだ》がない

ぼくは、受験《じゅけん》勉強のために膨大《ぼうだい》な時間を費《つい》やしてきました。

「なんだかずいぶん無駄《むだ》なことをしてきたなあ」と思っていた時期もあります。

でも、もともとは勤勉《きんべん》な人間ではなかったぼくが、大学で授業《じゅぎょう》をし、本を出版《しゅっぱん》し、あちこちに講演《こうえん》に行き、テレビやラジオに出てと、毎日こんなにまじめに、勤勉《きんべん》に働いているのは、試験という目標《もくひょう》に向かって勉強する習慣《しゅうかん》を身につけたからだと気づいたんです。

いろいろな依頼《いらい》に応《こた》えるべく、きちんと仕事をこなせていられるのは、受験《じゅけん》勉強のおかげなんです。そう思えたら、「ああ、あの日々は無駄《むだ》じゃなかったんだなあ」と、ものすごくすっきりしました。

「試験のため」「やらなきゃいけないから」という理由でもいいんです。やったことは、きっと自分に返ってきます。

第4の格言《かくげん》

受験は、自分の強み、自分らしい戦い方を見つけるチャンスだ。

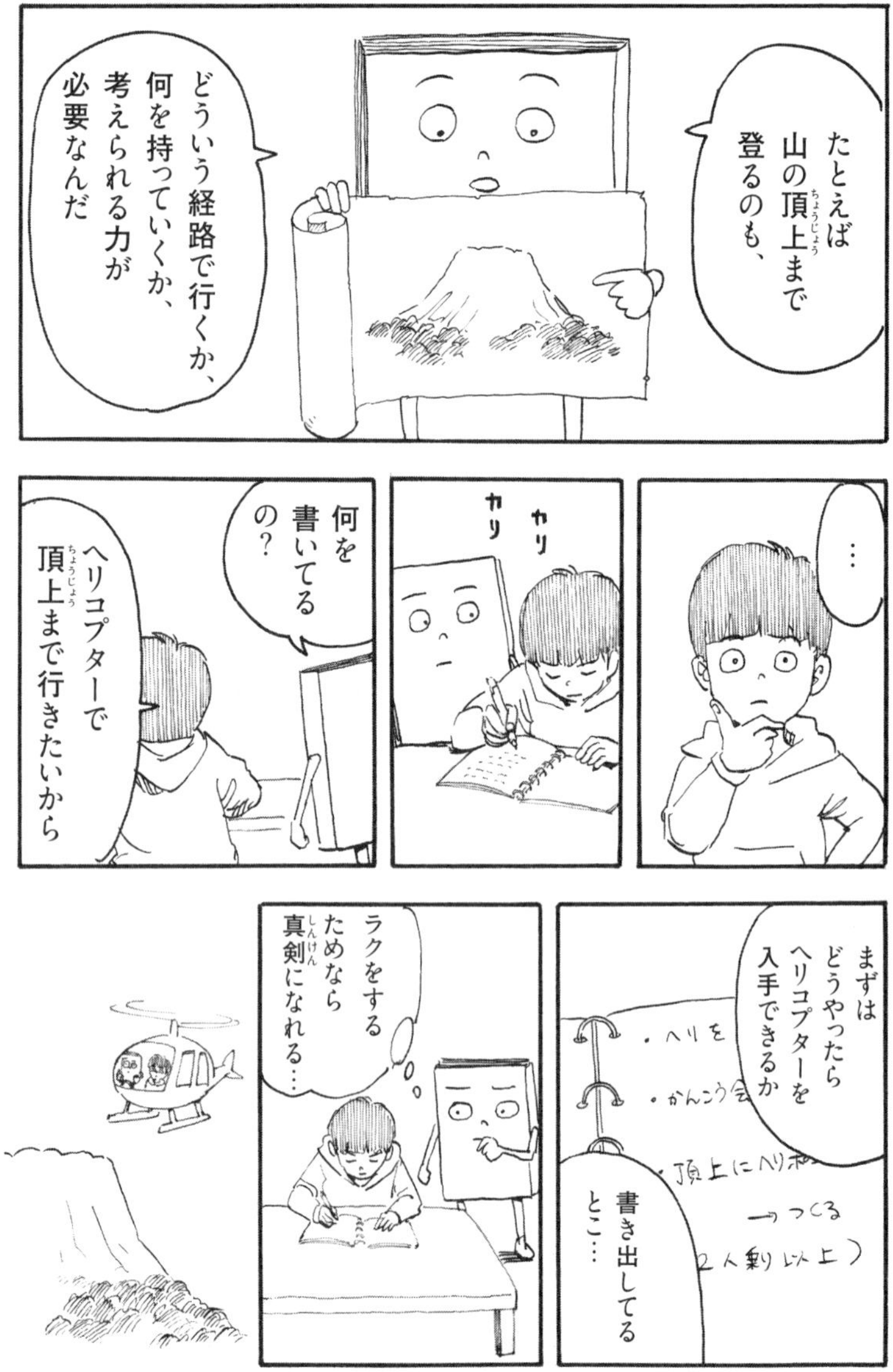

たとえば山の頂上《ちょうじょう》まで登るのも、
どういう経路で行くか、何を持っていくか、考えられる力が必要なんだ
・・・
カリ
カリ
何を書いてるの？
ヘリコプターで頂上《ちょうじょう》まで行きたいから
まずはどうやったらヘリコプターを入手できるか
書き出してるとこ…
・ヘリを
・かんこう会
・頂上にヘリポ
→つくる
2人乗り以上）
ラクをするためなら真剣《しんけん》になれる…

第5章

本とどうつきあうか？

本は「どこでもドア」

テレビを観《み》ていたら、歌手のＪＵＪＵさんがこんなことを言っていました。

「本は新しい世界に連れていってくれる。本は、私《わたし》にとってドラえもんの『どこでもドア』です」

「本はどこでもドア」――いいこと言うなあと思いました。

本のトビラを開けると、さまざまな世界が広がっています。

著者《ちょしゃ》が自分の頭のなかにあることを書いてくれたおかげで、その頭のなかをぼくらは知ることができる。そこに書かれていることを「知る」「理解《りかい》する」喜びを味わい、さらに「想像《そうぞう》する」楽しみを味わうことができます。

いまは、バーチャルリアリティ（仮想現実《かそうげんじつ》）を楽しむ装置《そうち》がどんどんできていますが、本は元祖《がんそ》バーチャルリアリティなんです。

自分で文字を追って読まなければいけないので、そこを「めんどくさい」と感じてしまう人も多い。でも、迫力《はくりょく》ある映像《えいぞう》や音が向こうから飛びこんでくるのと違《ちが》って、自分でそこにあるものをつかみに行く、こちらから積極的にその世界に踏《ふ》み入っていく感じこそが、本のもつ魅力《みりょく》です。

自分で想像力《そうぞうりょく》をはたらかせることで、目には見えていない世界をどこまでも広げていくことができる。想像力《そうぞうりょく》は際限《さいげん》なく自由です。

想像《そうぞう》の世界に遊ぶというのは、人間が生きていくなかでいちばんのぜいたくなんじゃないかな。

本という「どこでもドア」を楽しまないのは、ものすごくもったいないことです。

さみしいときには本を読もう！

本があれば、退屈《たいくつ》で困《こま》ることも、さみしくてたまらないということもなくなります。

いまはみんな、スマートフォン依存症《いぞんしょう》になりかけています。電車に乗っても、街を歩いていても、もちろん家のなかでも、みんなつねにスマホを放《はな》さない。

学校では禁止《きんし》されているところもあるかもしれないけれど、そんなきみたちだって、学校を出たらすぐにカバンから取り出すでしょ。

つねに、だれかと、どこかと、つながっていないと落ちつかない。だけど、つながっていてもさみしいことって、けっこうあるんじゃないかと思うんです。

ぼくは声を大にして言いたいんです。


「さみしかったら本を読もう！　孤独《こどく》を感じたら、本を読もうよ！」と。


本は原則《げんそく》ひとりで読むものです。だけど、本を読んでいて「孤独《こどく》だなあ」「さみしくてたまらない」と感じる人はいません。

なぜなら、**本と向き合うことは人と心を通わせること**だから。

本を読むとは、著者《ちょしゃ》と対話をすることです。

著者《ちょしゃ》だけでなく、そこに出てくる登場人物と心を通わせることでもある。

だから、**本を読んでいるときは、ひとりでいてもひとりぼっちではない**のです。

ある児童作家の方が、

「子どものころから病弱で、本を読むしかなかった。でも、本があったらさみしくなかった。それで、自分も児童作家になった」

と言っていました。

本があったら、ひとりでいることはさみしくなくなります。本があったら、人は孤《こ》独《どく》から抜《ぬ》け出せるのです。

「この気持ち、わかる」「悩《なや》んでいるのは自分だけじゃないんだ」

小説『火花』で芥川賞《あくたがわしょう》を獲《と》った又吉直樹《またよしなおき》さんは、中学生のときから太宰治《だざいおさむ》や芥川龍之介《あくたがわりゅうのすけ》をよく読んでいたといいます。

『夜を乗り越《こ》える』（小学館よしもと新書）という本のなかで、又吉《またよし》さんは太宰治《だざいおさむ》の『人間失格《しっかく》』を読んだときのことを、こんなふうに言っています。

「この主人公、めっちゃ頭の中でしゃべっている。俺《おれ》と一緒《いっしょ》ぐらいしゃべっている」

自分の気持ちはだれにもわかってもらえない、こんなふうに悩《なや》んでいるのは自分だけなんだろうなと思っていたときに、『人間失格《しっかく》』と出合って、自分と同じように悩《なや》んだり考えたりしている人がいるんだ、と知ったわけですね。

「ああ、この感覚、自分にもある」「わかる、わかる」と思える。共感できる。本と対話するとはそういうことです。

「本に出会い、近代文学に出会い、自分と同じ悩《なや》みを持つ人間がいることを知りました。それは本当に大きなことでした。

本を読むことによって、本と話すことによって、僕《ぼく》はようやく他人と、そして自分とのつき合い方を知っていったような気がします」

と又吉《またよし》さんは書いています。

人間関係がうまくいかないとか、自分はこれでいいんだろうかと悩《なや》みをかかえているとき、つながっている人たちがいることはとても心強いものです。

悩《なや》みが解消《かいしょう》されるわけではなくても、気持ちをやわらげることができます。

「自分はひとりじゃない」と思えるようになった本は、生涯《しょうがい》の友だちになります。

カフカの『変身』は、ある朝起きたら自分が巨大《きょだい》な毒虫になっていた物語。ありえない設定《せってい》の話です。

しかし、虫として生きなければいけなくなった主人公グレゴールのやるせない感情《かんじょう》は、どうしようもなく苦しい状況《じょうきょう》に置かれた人間の感情《かんじょう》として、強く迫《せま》ってきます。

学校に行きたくない心情《しんじょう》とか、どこにも自分の居場所《いばしょ》がないように感じる心情《しんじょう》とか、読む人自身の心のあり方によって、重なってくるものがあるわけですね。

小説は架空《かくう》の物語ですが、そこに描《えが》かれている人間の感情《かんじょう》は、現実《げんじつ》にあるもの。

本を読むことは、人間のもつさまざまな感情《かんじょう》に出合うことなんです。

「わかる、わかる」という感覚が本のなかにたくさんあれば、現実《げんじつ》の友だちは少なくても、自分を支《ささ》えてくれる友がたくさんいる、と言うことができます。

自分が「心の友だ」と思える本を書いている作家を見つけたら、ほかの作品も読みたくなります。

「そうそう、この感覚」「これもよくわかる」「これを書いてくれてありがとう」という感じになる。

好きな本、好きな作家というのは、そうやって増《ふ》えていきます。

これ、言ってみればSNSでフォローする人が増《ふ》えていく、「いいね！」を押《お》していくようなものです。

きっかけは「好奇心《こうきしん》」

きっかけはいつだって好奇心《こうきしん》なんです。

ＳＮＳでだれかをフォローするのも、「この人、どんなことを書いているんだろう？　知りたい」という気持ちですよね。

本も同じ。

「この本のトビラを開けた先には、いったい何があるんだろう？」という好奇心《こうきしん》が、本を手に取らせ、ページをめくらせてくれます。

読みはじめて自分には合わなかったら、飛ばし読みしたっていいんです。途中《とちゅう》でやめてもいいんです。どういうつきあい方をするのも自由。

興味《きょうみ》をもって、その本を読もうとしたということが大事。

しばらく後になってまた開いてみたら、「こんなおもしろい本だったっけ？」ということもあります。

本が、苦手意識《いしき》を薄《うす》めてくれることもあります。

数学が苦手だった人が、数学者の伝記を読んで
「数学に対する抵抗《ていこう》が少し消えた」
と言っていたことがあります。
数学者というのは、けっこう変人が多いんですね。だから、エピソードがすごくおもしろい。そういう本を読むと、数学というものにちょっと親しみがわいてきます。少なくとも、「数学はイヤでイヤでたまらないもの」という意識《いしき》はちょっと変わります。

知らないことを知る楽しみ以上に、ないものを想像《そうぞう》する楽しみも大きいですね。ミステリー（推理《すいり》小説）にしても、ＳＦ（空想科学小説）にしても、想像《そうぞう》で創《つく》り上げられた世界が、うまくできているほどおもしろい。そこで遊ぶ楽しさがあります。

「人に生まれてよかったなあ」という感覚をたくさん味わえます。

マンガの『進撃《しんげき》の巨人《きょじん》』。大ヒットして映画《えいが》にもなりましたが、最初にあれを読んだとき、ぼくは「なんだ？　この世界は」と驚《おどろ》きました。
想像《そうぞう》の世界では、どんなことでも創《つく》り上げていける。人間の想像力《そうぞうりょく》って本当にすご

いですよね。

そういうものをたくさん知っていると、世界が広がります。

想像《そうぞう》の世界に遊ぶということは、自分の想像力《そうぞうりょく》がどんどん豊《ゆたか》になっていくことです。

ワールドに入りこむほどおもしろくなる

ライトノベルとか映画《えいが》の原作本とか、そういうものだっていいんですよ。

大事なのは、**なんとなく読むんじゃなく、本気出して読む**、ってこと。

どんな本でもいいから、その世界に自分をグーッと潜《もぐ》りこませる。

そうすることで、脳《のう》が喜ぶんです。

「いい刺激《しげき》キターーッ！」って。

その本のワールドに深く入りこむほど、脳《のう》が活性化《かっせいか》して、どんどんおもしろくなるのです。

『ハリー・ポッター』が大好きで、シリーズ全部の内容《ないよう》をカンペキに覚えていて、「このセリフは?」と聞くと、「第何巻《だいなんかん》のどこに出てくるだれの言葉」と答えられる人がいて、びっくりしたことがあります。

「ハリー・ポッターがあまりに好きで、何度も何度もくり返し読んでいたので自然に覚えちゃっただけです」

と言っていましたが、本気でそのワールドに入りこめば、そういうこともできるようになるんですね。

この人にとってハリー・ポッターは、もう身体《からだ》の一部みたいになっている。血肉になっているんです。

マンガだと、全巻《ぜんかん》そろえてくり返し読むという人はけっこういると思います。セリフがもう頭にしっかり入っているんじゃないかな。ふとしたときに、そのセリフがポッと口をついて出てきたりするようだと、その世界が自分のものになってきたということです。

それはマンガだからできるわけではなくて、自分がそのなかの世界にしっかり入りこんでいったから。

「読まずにはいられない」

「覚えずにいられない」

その状態《じょうたい》が脳《のう》を喜ばせ、「おもしろい！」になるのです。

だから、「なんとなくいい」みたいなあいまいな感じではなくて、「ファンになる」のがいいんです。

自分の好きなものだと、その回路に入りやすいんです。

この作家さんの別の作品も読んでみようとか、これとつながりがあるこんなものを読んでみたいとか、**芋《いも》づる式に興味《きょうみ》がどんどんふくらんでいく**。

そういう循環《じゅんかん》に入る読書体験ができると、本が好きになっていきます。

遠い昔の人ともつながっている

でも、「好きだから読む」だけがいいわけでもありません。

出合いはいろいろなところにあります。

ぼくは、古典を子どもたちにわかりやすく伝えたいと考えて、そのための本をいろいろ出しています。その一環《いっかん》として『強くしなやかなこころを育てる！　こども孫子の兵法』（日本図書センター）という本を作ったところ、予想を超《こ》えて評判《ひょうばん》になりました。

「孫子の兵法」とは、春秋時代の中国で生まれた世界最古の兵法書です。つまり戦い方や軍隊のことを書いた本。

中国の春秋時代というと、日本はまだ国になっていない時代です。そんな古い時代の中国の書物、それも戦《いくさ》について書かれたものが、21世紀の日本の子どもたちにどうつながるのか。興味《きょうみ》のもてるものになるのか。ありえないと思うでしょう？

それがそうじゃないんです。

「どういう気持ちをもてば、強く生きていけるか」という知恵《ちえ》が書かれているので、昔もいまも共通するところがたくさんあるんです。

いまは小学生のころから、みんな人間関係の悩《なや》みや、不安をかかえています。これを読むと「勇気をもらえる」とか「励《はげ》まされる」とか、小学生が素直《すなお》に言ってくれます。強い味方を得た気分になれて、元気が出てくると、小学生の心に響《ひび》いたんです。

たとえば、こんな言葉を紹介《しょうかい》しました。

「利に合えば而《すなわ》ち動き、利に合わざれば而《すなわ》ち止《とど》まる」

（超訳《ちょうやく》：なにかをはじめるときは、自分が「好きか、嫌《きら》いか」だけではなく、「有利か、不利か」でも考えよう）

「好きか、きらいか」ということと、自分にとって「有利になることか、不利になることか」を分けて、別の基準《きじゅん》として考えることが大事だ、と言っているんです。受験《じゅけん》科目を決めるときのきみたちに、ぜひとも覚えておいてほしい言葉ですよ。

こんな言葉もあります。

「少なければ則《すなわ》ち能《よ》くこれを逃《のが》れ、若《し》かざれば則《すなわ》ち能《よ》くこれを避《さ》く」

（超訳《ちょうやく》：意味のある「逃《に》げる」だってあるんだよ。かなわないなら、さっさと逃《に》げてしまおう）

「敵《てき》にかなわないことがわかったら、逃《に》げるべきだ」と言っているのです。必要なのは、目先の戦いに勝つことではなく、あらためて戦い直すことができるように、自分たちの安全を確保《かくほ》することだと説いているんですね。

いじめを受けて、つらい思いを味わっている人に知っておいてもらいたい言葉です。

大昔の中国の戦いの書が、いまの時代にも勇気を与《あた》えてくれるものになる。これが本のいいところ、本のもつ威力《いりょく》です。

話を聞きに行く感覚で出会う

だから、昔のものだから古くさいとか、自分とは関係ない分野の話だとか、決めつけてしまわないほうがいいんです。

世の中には、すばらしい先人が貴重《きちょう》な知恵《ちえ》をたくさん残してくれています。本を読むというのは、その恩恵《おんけい》を受けることです。

古くから多くの人に読み継《つ》がれてきた古典的名作とは、「いいこと言うなあ」とか「勇気をもらえる」と、たくさんの人から支持《しじ》されてきたということです。

いまも根強い人気があるものには、やっぱり人をひきつける魅力《みりょく》があります。

「そんなの大昔の人でしょ?」とか「むずかしいことを書いているんでしょ?」といった先入観をもたないで、自分に直接《ちょくせつ》投げかけてくれている言葉だと思うのがいい。

いま生きている人のようなつもりで出会うのが大事なんですね。

『論語《ろんご》』は、儒教《じゅきょう》の指導者《しどうしゃ》である孔子《こうし》のお弟子《でし》さんたちが、「先生はこういうことをおっしゃった」と孔子《こうし》の語った言葉をまとめたものです。

ですから、自分も弟子《でし》のひとりになったつもりで、自分に話してくれているんだと思えばいい。むずかしくとらえる必要はありません。

自分に話してくれていると思うと、2500年前の人でもとても身近に感じます。

「己《おのれ》れの欲《ほっ》せざるところを人に施《ほどこ》すことなかれ」

「温故知新《おんこちしん》」

「過《あやま》ちて改めざる、これを過《あやま》ちという」

「義《ぎ》を見てせざるは勇なきなり」

『論語《ろんご》』には格言《かくげん》にしたいような言葉が山ほど出てきます。

どの言葉も「たしかにその通りだ」と思う。

これは自分に言ってくれているんだ、自分のためのヒントだと思うことで、言葉がぐんぐん入ってくるんです。

ぼくが最初に『論語《ろんご》』を読んだのは、高校生のとき。夏休みの宿題でした。自発的に読もうと思ったのではなくて、読まざるを得なかったんですが、「座右《ざゆう》の銘《めい》にしたいような言葉をこんなにたくさん言っているって、すごいな」と感動してしまいました。

以来、ぼくは孔子《こうし》を「心の師《し》」と仰《あお》ぐようになります。

心の師《し》は、何人いたっていい

ぼくは本を読んで「すごいな」と思って尊敬《そんけい》すると、その人をすぐ「心の師《し》」としてしまいます。

すでに出会ってきた心の師《し》が、何人もいるわけです。ナポレオンもいる、兼好法師《けんこうほうし》もいる、勝海舟《かつかいしゅう》もいる。そこに孔子《こうし》も新たな「心の師匠《ししょう》」陣《じん》として加わったという感じです。

ひとりだけじゃなくて、いろいろな先生たちの言葉やものの考え方の「いいとこ取り」をするわけです。

ソクラテスも高校時代に心の師《し》になったひとりです。

ソクラテスは、古代ギリシアの哲学者《てつがくしゃ》です。それは知っていても、哲学者《てつがくしゃ》の本なんてむずかしいに決まっている、手にとる気もしない、という人が多いんです。とくに中学生くらいのときは。

孔子《こうし》もそうでしたが、ソクラテスもまた、自分自身では本を書いていません。話がうまくて、どこかで話をするとたいへん人気なのですが、ねたまれて罪《つみ》を着せられて、死を宣告《せんこく》されてしまう。

そこで、プラトンをはじめとしてまわりにいた人が救い出そうとするのですが、「自分は逃《に》げない、罪《つみ》に服そう」と言って毒をあおって死んでしまうわけです。

言っていることもすばらしいし、生き方そのものも潔《いさぎよ》い。

プラトンらは、「ソクラテス先生の言葉を伝えたい」と、ソクラテスの言っていたことを書きました。ソクラテスは「自分はだれの師《し》でもない」「聞かれたことに対して、語り合うだけだ」という人だったので、基本的《きほんてき》に問答形式、対話のかたちになっている。だから、とても読みやすいんです。

ゲーテもぼくの心の師《し》です。

人生に役立つゲーテの言葉を知りたいと思ったら、エッカーマンの『ゲーテとの対話』という本があります。

エッカーマンという青年が、晩年《ばんねん》のゲーテと接《せっ》した約9年間の会話をつづったもの。

ゲーテは、生きていくためのヒントになることを若者《わかもの》にわかりやすいように語ってくれています。

エッカーマンのとなりで、自分もゲーテの話を聞いているんだと思うと、一言ひとことが身に染《し》みます。

思想家、哲学者《てつがくしゃ》というとすごい人、「知の巨人《きょじん》」という感じでおそれ多く感じてしまいますが、ようするに「人としてどう生きていったらいいか」を考えぬいた人なんです。

本は、その人の言葉の集積。

「知識《ちしき》を得よう」「教養を身につけよう」とかまえて向かうのではなくて、**その人の言葉に触《ふ》れるんだ、人格《じんかく》に触《ふ》れるんだ、と思うのがいい**んです。

とくに、声に出して読んでみると、いっそう自分に語りかけてくれているような感じが強まり、身体《からだ》にジワーッと言葉が入ってきます。

自分のなかに**いろいろな先生方の言葉が染《し》みこんで根を生やしていく**。その言葉によって、ものの考え方によって、心が支《ささ》えられます。

そのおかげで、自分という人間の土台がしっかりするんです。

根を張《は》った木々が、やがて自分のなかで豊《ゆた》かな森になっていくのです。

種類の異《こと》なるいろいろな木を育てよう、「多様性《たようせい》の森」を育てよう、と言いましたね、第2章で（↓56P）。

本を読むことは、自分の森を豊《ゆた》かに育てるために不可欠《ふかけつ》なんです。

心の森の「植樹《しょくじゅ》」なんですよ。

語彙力《ごいりょく》を磨《みが》いてくれる

塾《じゅく》や予備校《よびこう》で、カリスマ講師《こうし》とか超人気講師《ちょうにんきこうし》といわれる先生がいます。なぜ人気があるかといえば、教え方がうまいからです。

すぐれた先生は、ただ知識《ちしき》を教えてくれるのではなく、ものの見方、考え方を教えてくれます。

こういう問題は、どう読み解《と》き、どう向き合うのが正解《せいかい》なのか。どういう思考回路で考えたらいいのか。どうしたら自分の力を効果的《こうかてき》に伸《の》ばしていけるのか。そういったヒントを教えてくれるんです。

だから、そういう先生の話を聞いていると、自分の頭がよくなっていく気がするのです。

本を読むことも同じです。

本は、頭のなかにある考えを表現《ひょうげん》することに長《た》けている人、言葉扱《あつか》いの巧《たく》みな人が書いています。

高い言語能力《のうりょく》をもったその人の言葉を浴び、心の支《ささ》えとしていれば、自然と使う言葉も影響《えいきょう》を受けます。

知っている言葉、使ってみたい言葉、使える言葉が増《ふ》えていきます。

言葉が蓄積《ちくせき》されます。

本を読んでいる人は、語彙力《ごいりょく》がつくのです。

言葉の先生、いい日本語のコーチについているようなものです。大学生と接《せっ》していても、話を聞いていると、「この人はどんな本を読んできたのか」をだいたい予測《よそく》することができます。

言葉の種類が少なくて、言葉づかいが子どもっぽい人がいます。何が原因《げんいん》かというと、読書量が足りないのです。本を読んでいないことが、話し言葉にもあらわれます。

読書量の多い人は、言葉の選択《せんたく》が違《ちが》います。

新聞を読んでいる、読んでいないというのもけっこう出ます。

「頭をよくしたいけれど何をしたらいいかわからない」という人は、とりあえず本を読みましょう。本と新聞を読んでいると、語彙力《ごいりょく》と文脈力は自然ときたえられます。

読みのスピードを速めること

読むのが遅《おそ》い人は、いろいろ損《そん》をしてしまいます。

たとえば、試験のときに問題を読むのに時間をとられる。それだけ考える時間が減《へ》ります。長文読解《どっかい》の課題が出ると、非常《ひじょう》に時間がかかります。

これは大学でレポートを書くときにも、いろいろ参考資料《しりょう》を読むのに手間取ってしまうということです。

社会人になって仕事をするようになると、すばやく読む力はさらに必要とされます。配られた会議資料《しりょう》をさっと読めなければ、議論《ぎろん》に入っていけなくなります。読みが遅《おそ》いだけで「できないやつ」のレッテルを貼《は》られやすいのです。

読むスピードの速い、遅《おそ》いは、練習の問題です。

三冠王《さんかんおう》もとった落合博満さんが言っていたことですが、

「プロ野球で通用するためには、早くプロのスピードに慣《な》れること」だそうです。

140キロのボールが飛んでくるバッターボックスに立ったことのない人には、その速さのボールは絶対《ぜったい》に打てません。しかし、140キロのボールを浴びるように打つ練習を続けていれば、打てるようになる。練習することで慣《な》れるんです。

本を読むスピードも、「速く読む」ことを意識《いしき》して練習していると、速さに慣《な》れていきます。

自分を速いスピードに慣《な》らしていけば、だれでも速く読めるようになっていきます。

ぼくは、小学生でも、大学生でも、社会人でも、**「速音読」**をやってもらいます。速いテンポで音読をするのです。ストップウォッチをもって時間を計ります。

速く読む練習をしていると、身体《からだ》にリズムが刻《きざ》みこまれて、次第《しだい》に苦しくなく、普《ふ》通《つう》にそれができるようになります。

もっといいことに、**読むスピードが速くなると、頭の回転速度が上がる**ような感覚があるのです。

これについては「脳《のう》トレ」で有名な川島隆太《かわしまりゅうた》先生にお話を聞いたことがあるのですが、速いスピードで音読することは、実際《じっさい》に脳《のう》の回転が速くなっていくトレーニング効果《こうか》があるらしいです。

速く読めると、脳《のう》のシナプスがつながりやすくなるんでしょうね。黙読《もくどく》で普通《ふつう》に本を読んでも、速く読めるようになります。

速く読めると、いままでと同じ時間でたくさん読めるようになります。

たくさん読むと経験値《けいけんち》が上がるので、意味をつかまえる力、文脈力もきたえられます。だから深く読める力もつく。

これは大人になってからもトレーニングでできることですが、できるなら早い段階《だんかい》で身につけておいたほうが得策《とくさく》です。10代の頭は柔軟《じゅうなん》ですから、練習効果《こうか》がすばやくあらわれるのです。

読書を体験にしていく

ぼくは本を読むとき、赤・青・緑の三色のボールペンで線を引きながら読みます。青は客観的に大事なところ、赤は最重要なところ、緑は自分がおもしろいと思ったところ。

ぼくにとって本に線を引くのは、その著者《ちょしゃ》との対話のような感覚です。話を聞くときに、うなずいたり、あいづちを打ったりしますね。そういう感じ。

「本当にその通り、共感します」と感じると、ぼくは線を引くだけでなく、ニコニコマーク「☺」を書きます。

刺激《しげき》を受け、目を見開かされたところには、「そうか、勉強になります」という思いで感嘆符《かんたんふ》「！」や「😮」マークを書きます。

こうすると、自分が読みながら共感したり刺激《しげき》を受けたりした箇所《かしょ》が、一目ではっきりわかるわけです。

また後で読み直したときに、「前に読んだときは、こう感じたんだな」というのもわかります。

本に、自分が読んだ痕跡《こんせき》が残ります。本に書きこみをすることを「本を大切に扱《あつか》っていない」と言う人がいますが、ぼくはそうは思いません。

たしかに読んだという痕跡《こんせき》があることで、自分にとってその本はもっと大事なものになる。**読書が自分の体験のひとつになります**。

もちろん、図書館の本や人から借りた本には線を引いたりしません。それはマナーです。その分、借りた本だと自分を深くかかわらせたという実感がもちにくい。自分の身になった実感が薄《うす》い。

読書は情報摂取《じょうほうせっしゅ》ではなくて、体験になることが大事なんです。

だから、ぼくはできるだけ借り物ではなく、古本でもいいから買って自分のものにして読みます。みんなにもそれを勧《すす》めています。

つなげて考えられるかどうか

カフカの『変身』を読んだときに、「気持ち悪い。こんなの絶対《ぜったい》イヤ」と思うだけだったら、それで終わってしまいます。自分の森の木の一本とはなりません。「もし自分がこの立場だったら」という気持ちで想像力《そうぞうりょく》をはたらかせたり、やるせない感情《かんじょう》に共感をもてたりすると、心に残る印象的な物語になります。

それは、**つなげて考えられるかどうか**、ということです。

芥川龍之介《あくたがわりゅうのすけ》の『蜘蛛《くも》の糸』は、極楽《ごくらく》と地獄《じごく》の話です。だれも実際《じっさい》に知らない、見たことのない世界。

ここに出てくる大泥棒《おおどろぼう》の罪人《ざいにん》カンダタには、クモを見て「殺したらかわいそうかな、助けてやろう」という感情《かんじょう》もあります。

一方で「自分ひとりだけ助かりたい、ほかの者たちを蹴落《けお》としたい」気持ちも強くある。

どちらの気持ちも、人の心にはあるものです。『蜘蛛《くも》の糸』を読む前と読んだ後では、自分のなかで何かが変わるようだと、つなげて考えられているということです。

たとえば、クモを見たときに「殺しちゃかわいそう。大泥棒《おおどろぼう》のカンダタだって助けようとしたんだから」と思ったりする。

困《こま》っている人が自分を頼《たよ》ってきたとき、「人のことなんか知らない、自分の邪魔《じゃま》になる」と追いやってしまいそうになるか。「いや、いけない、いけない。そんなことをしたらカンダタみたいに地獄《じごく》に堕《お》ちちゃう」と考え直せるか。

そういう連想ができて、自分の行動を変えていくようになると、読書が体験になる、本が教訓になるんです。

ぼくは、「出会いのときを祝祭に」という言葉を色紙によく書きます。偶然《ぐうぜん》の出会いにしても、こうして出会うことができてよかった、お祝いしましょう、という気持ちです。

本との出合いもお祝いすべきものだと思います。

だって、この世の中にいったいどのくらいたくさんの本が出ていると思いますか？　本屋さんにしろ、図書館にしろ、膨大《ぼうだい》に並《なら》んでいる本のなかから、「これ、読んでみよう」と手に取った。それだけでもう奇跡《きせき》みたいな出合いなんです。

それが心の友になったり、心の師《し》になったり、いろいろな教訓になったりして、自分を支《ささ》えてくれるもののひとつになるのです。

本にはいろいろな人間が描《えが》かれています。

「すごいな、かっこいいな、こんな人になりたいな」という人物も出てくれば、「こんな目には絶対《ぜったい》に遭《あ》いたくない」ということもあるし、「こんな憎《にく》たらしい人物はいない、なんてイヤなやつなんだ」という人物も登場する。

いろいろな人間と出会います。実生活では体験していないことも、本のなかで疑似《ぎじ》体験できます。それを自分のこととつなげて考えられ、「自分はどういうふうに生きるか」という参考にできると、自分を深めたり成長させたりできます。

どうしようもないダメ人間も、反面教師《きょうし》になります。

そうやって読めば、どんな本もはずれはない。どんな本にも得るものがある。必ず何かを自分に与《あた》えてくれます。

いろいろなつなげ方ができる人ほど、本を上手に自分に活《い》かしていくことができます。だからますます本が好きになるのです。

第5の格言《かくげん》

本を友だちにしたら、
きみは一生、
ひとりぼっちじゃなくなる!

本を開きさえすれば…
目の前に偉人《いじん》がいるのと同じなんだ…
うん…そうだよ
たくさんの言葉を語りかけてくれる
…
何も言わないよ…?
君が読まなきゃ、彼《かれ》は話せない
余の辞書に不可能はない
おー

第6章

「好きなこと」への没《ぼっ》頭《とう》体験、ありますか？

好きなことだけやって生きていけるか

きみは夢中《むちゅう》になって打ちこんでいることがありますか?

中高校生というのは、「好きなこと」と「やらなければいけないこと=勉強」の狭《はざ》間《ま》で苦しむことが多い時期。

ぼくもまさにそうでした。中学生のとき、ぼくはテニスをやっていました。ふだんは部活中心の生活で、中間テストや期末テストの2週間ぐらい前からあわてて勉強モードに切り替《か》えて、なんとか試験を乗り越《こ》えていたわけです。

好きな運動から離《はな》れ、受験《じゅけん》勉強に集中しなければならなくなったとき、エネルギーをどこに向けていいのかわからなくなって、人生初のノイローゼみたいな感じになりました。

勉強しなければいけないのはわかっているんですが、身体《からだ》を動かして発散することをしなくなったので、うんざりしてしまう。

友だちとの「しゃべくり勉強法」は、ぼくにとって、覚えたことの確認《かくにん》というだけでなく、話して発散する、という効果《こうか》もありました。

そんなことで、なんとかがんばって高校受験《じゅけん》を乗りきりました。

高校に入ったら、身体《からだ》を動かしたくてたまらずに、またテニス部に入部です。そしてふだんはテニスざんまい、試験が近づくと勉強モードに入る。

中学時代と同じような感じでしたが、大学受験《じゅけん》は高校受験《じゅけん》ほど甘《あま》くはなかった。高3の年は受験《じゅけん》に失敗し、浪人《ろうにん》することになりました。1年間、受験《じゅけん》のための勉強に明け暮《く》れないといけない。あのときは本当にしんどかったです。

よく「好きなことだけやって生きていけるか？」などと言いますね。それができるならそれに越《こ》したことはありませんが、**「好きではないこともやるから、好きなことがいっそう楽しくなる」**と考えることもできます。

好きではないことに集中するためには、好きなことに熱中した経験《けいけん》があるほうがいいです。何かに没頭《ぼっとう》した快感《かいかん》を味わっているからこそ、好きではないけれどやらなきゃいけないことにも一生懸命《いっしょうけんめい》になれる。

「好きなこと」や「やりたいこと」には、人生を幸せにしていくためのヒントが詰《つ》まっています。

夢中《むちゅう》になったことがない？

好きなことに熱中していると、時間がたつのも忘《わす》れます。「いくらでもやっていられる」「もっともっとやっていたい」と思う。楽しいですよね。

自分の好きなことに没頭《ぼっとう》するのは、幸せな時間です。

ところが、「そんなふうに何かに熱中したことがない」「夢中《むちゅう》になるほど好きなことなんかない」と言う人がいます。

「趣味《しゅみ》や特技《とくぎ》は？」

「とくにないです」

「好きな作家やミュージシャン、ひいきのスポーツチームとかはあるんじゃない？」

「とくにないです」

「ひまなときは何しているの？」

「ネットとか、ゲームとか……」

「だったら好きなゲームがあるんじゃない？」

「う〜ん、なんとなくやっているだけで、とくに好きってほどじゃないです」

「やりだしたら楽しくてやめられない、みたいなことはないの？」
「なかなかやめられない感じのことはありますけど、楽しくてたまらないみたいな感じはないです」

もし面接《めんせつ》試験でもこんなふうに答えていたら、その人はまず受かりません。大学入試でも就職《しゅうしょく》活動でも、こんな感じの人を「採《と》りたい」とは思ってくれませんから。

こういう人は、何かに熱中したことがないというより、**思う存分《ぞんぶん》何かに打ちこんだことが、「成功体験」として自分のなかに残っていない**んです。

何かに熱中するというのは、自然にハマってしまう感じのようですが、その人の「生きていく構《かま》え」が関係しています。

目の前のことに対して、自分の心を動かそうとしていない人は、すべてが冷めた感じ、単調な感じになっている。それは、夢中《むちゅう》になったときの快感《かいかん》というものをしっかり味わっていないのです。

「楽しい」「好き」になっていく回路

初めから直感的に「これが好き！」と思ってやることもありますが、たいていのことは、好きだから熱中するというより、やっていたらおもしろくなって、夢中《むちゅう》になって、好きになっていく、というパターン。

たとえば、体育の時間のマラソン、部活のトレーニングでのランニングがありますね。最初から「走るの大好き」と思っている人はあまりいないでしょう。

でも、走りはじめる。

ランニングをしていると、途中《とちゅう》までけっこう苦しかったのが、あるところからスーッと楽になる状態《じょうたい》に入ります。身体《からだ》が軽くなり、苦しさを感じなくなる。気分は高まっているけれど、心はおだやか。なんだかこのままずっと走りつづけられるような感じになります。

これを「ゾーン」と呼《よ》びます。「没頭感覚《ぼっとうかんかく》」ですね。ランニングに限《かぎ》らず、あることを続けていると、脳《のう》のなかで快感物質《かいかんぶっしつ》が出て、そういう状態《じょうたい》に入りやすくなるのです。

こういう快感《かいかん》を味わった人は、走るのが苦にならなくなります。むしろ楽しい。走り終わったあとに、爽快感《そうかいかん》、充実感《じゅうじつかん》がわきます。

「明日はもうちょっと長い距離《きょり》でも行けるかもしれない」と思う。翌日《よくじつ》もゾーンに入り、伸《の》ばした距離《きょり》もクリアできると、さらに充実感《じゅうじつかん》があり、達成の喜びがある。

自信もついてきます。だから、もっとやりたくなる。どんどん楽しくなってくる。何かを好きになる、ハマるというのは、こんな循環《じゅんかん》で「もっとやりたい」という気分になり、「やらずにいられなくなっていく」んですね。

自分のなかに、没頭《ぼっとう》感覚による快感《かいかん》があるから、成功の回路ができるんです。没頭《ぼっとう》感覚やこの快感《かいかん》の回路を味わっていない人は、「ランニングなんて、疲《つか》れるばっかり」「どこが楽しいの？」というところで止まっているんです。

没頭《ぼっとう》感覚を目覚めさせよう

だれでもみんな、小さいころには何かに夢中《むちゅう》になったことがあるはずです。

砂遊《すなあそ》びが好きで、砂山《すなやま》を作ったりトンネルを掘《ほ》ったり、壊《こわ》してはまた作るということをずっとやっていられたとか。

何かのマネをする「ごっこ」遊びにハマったとか。

何かを一生懸命《いっしょうけんめい》集めていたとか。それが石ころの場合もあれば、ポケモンカードだったという場合もあるでしょう。

子どもは、何かしら熱中するものをもっています。

自分が興味《きょうみ》をもったものに夢中《むちゅう》になることが、充実感《じゅうじつかん》や自信のタネになっていると、その後も好きなことに積極的にチャレンジしていけるんです。

しかし、夢中《むちゅう》になった先にある楽しさや達成感などの心地《ここち》よさを味わう経験《けいけん》につながっていないと、没頭《ぼっとう》感覚が閉《と》じていってしまうのです。

夢中《むちゅう》になれたものが、勉強に関係することや、スポーツや習いごとのようなものだと、親から応援《おうえん》してもらえますが、「くだらないこと」「危険《きけん》なこと」と見なされると、制止《せいし》されてしまいます。

「いつまでそんなことやってるの？　いいかげんにしなさい」

「危《あぶ》ないからやっちゃダメって言ったでしょ」

「〇〇ばかりやっていて……。宿題はやったの？」

などと言われて、自分が興味《きょうみ》をもったことが親から評価《ひょうか》してもらえることではない場合、いい回路になっていないわけです。

そのうちに、自分で自分にブレーキをかけて、何かをおもしろがる気持ちが消極的になっていってしまう。


好奇心《こうきしん》をもっていない人間はいません。

没頭《ぼっとう》感覚をもっていない人もいないんです。

何かに熱中したことがない、没頭《ぼっとう》するほど打ちこんだことがない人は、自分のなかで何かに没頭《ぼっとう》することの快感《かいかん》の回路を眠《ねむ》らせてしまっているのだと思います。

没頭《ぼっとう》することの「幸せ」に気づけていないんです。

中学生、高校生のうちに、その回路を自分のなかで目覚めさせておきましょう。

そうすると、躍動感《やくどうかん》のある人になります。

ものごとを積極的に楽しんでいく構《かま》えができるんです。

没頭《ぼっとう》感覚というものを意識《いしき》しているのといないのとでは、一生が大きく変わってきます。

どうしたら熱中できるかを知っている強み

小学生のころから野球一筋《ひとすじ》で甲子園《こうしえん》を目指してがんばっていたけれど、夢破《ゆめやぶ》れたといったとき、「自分から野球をとったら、もう何もない」と燃《も》えかすみたいになってしまうこともあります。

あるいは、ずっとダンスに打ちこんできた。プロになれたらいいなと思っていたけれど、それはとても無理だという現実《げんじつ》がわかってきた。「将来《しょうらい》そっちに進めないんだったら、どんなに熱中しても意味がない」と思ってしまうこともあります。

どちらも、それで終わりなんかじゃないんです。

何年間か夢中《むちゅう》になって打ちこんできたこと、熱中してきたことが、没頭《ぼっとう》体験としてこれから先の自分の生き方にあらわれます。

なぜなら、「好きになり方」を知っているから。

「情熱《じょうねつ》」をどうやって注いでいったらいいかを知っているから。

そこにある充実感《じゅうじつかん》、幸せな感じを知っているから。

没頭《ぼっとう》感覚を体感してきている人は、たとえ何かに失敗したり行き詰《づ》まったりしても、ほかのことにまた熱心に取り組むことができて、そこでもまた充実《じゅうじつ》した時間を過《す》ごすことができるのです。


だから、とにかく**好きなことに熱くなれるということが大事**。

好奇心《こうきしん》、探求心《たんきゅうしん》のわくわくことを、「掘《ほ》っていく」気持ちでやってみることです。

それが将来《しょうらい》の仕事にできるかどうかは、また別問題です。

自分が「これをやっているときがいちばん自分らしいと思える」と思うことと、仕事としてうまくやっていけることとは違《ちが》います。

夢中《むちゅう》になれることと、得意なことは微妙《びみょう》に違《ちが》う。

自分が得意でも、もっともっとうまくできる人がいたら、太刀打《たちう》ちできない。プロとしてやっていくのはむずかしい。

夢中《むちゅう》になれることを仕事にすることが幸せな場合もありますし、仕事は仕事として別のことをやり、趣味《しゅみ》としてやるほうが幸せな場合もあります。

でも、**夢中《むちゅう》になれる力は、これから先いろいろなところに向けていけるん**です。

自分の新たな可能性《かのうせい》はどんなところにあるのか。

それを知るためには、**「好きなこと」をどんどん増《ふ》やしていったほうがいい。**

いろいろなところに興味《きょうみ》を広げていったほうがいいのです。

「好き」を増《ふ》やしていく方法

好きなことを増《ふ》やしていくには、好奇心《こうきしん》を全開にして、「ちょっとおもしろそう」と思ったことにはどんどんチャレンジしてみることです。

たとえば、お兄さん、お姉さんがいると、同年代の子たちよりも新しいことに接《せっ》するのが早い。

同級生の友だちはまだ知らないような洋楽をお兄さんやお姉さんが聴《き》いていて、その影響《えいきょう》で自分もファンになったとか、同級生たちが読んでいないような本をひと足先に読んでいるとか。まわりのみんなよりも先取りできていることが、ハマるきっかけになったりもします。

何かを取り入れるのが早い友だちがいると、新しい世界を開いてくれやすい。ほかの人が「いい」とか「おもしろい」と言っているものは、基本的《きほんてき》にすべて「いいね!」のスタンスで受け入れるんです。

「そのミュージシャン知らなかった。聴《き》いてみるね」と前向きにとらえる。

食わずぎらいにならないことが大事です。自分がいままで聴《き》いていないものこそ、「どんなものなんだろう?」「これにはどんなよさがあるんだろう?」と興味《きょうみ》をもつ。

知らなかったところに、何か自分の興味《きょうみ》をパーンと開いてくれるようなものがあることもあります。

そういう出合いのきっかけを作ってもらえた、自分が出合う機会のなかったものを教えてもらえたわけだから、ありがたいことなんです。

ひとつのものしか知らなくて、「これだけがいい」と思いこんでいるのは、世界が狭《せま》い。食べ物でいえば偏食《へんしょく》です。

いろいろ知って「これもいいな」「あれもいいな」「こっちもいいな」というのがどんどんわかってくることのほうが、世界を広げられるし、じつは深めていくこともできるんです。

いろいろなものを食べてみることで、いろいろなおいしさがあることもわかるし、そんななかでも自分は「とくにこれが好きだなあ」というものがわかってくる。それは、いろいろなものを知っているからこその深みです。

「これだけ」とひとつのものしか食べていない人の知っている世界とは奥行《おくゆ》きが違《ちが》います。

知らないことを教えてもらったときこそ、おもしろいんです。

好きなものがあればこの世は楽しい、幸せだ

『マツコの知らない世界』というテレビ番組があります。自分のハマっている世界のことを話す人は、みんなとても楽しそうです。「そういう角度から楽しむことができるのか」という発見もあって、おもしろい。

あまりに好きすぎて、仕事にしてしまった人もいれば、仕事は仕事で別のことをやり、あくまでも趣味《しゅみ》として没頭《ぼっとう》している人もいます。

蚊《か》の研究をしている高校生とか、盆栽《ぼんさい》にくわしい中学生も出てきました。好きなことがあって、それに対してもっといろいろ知りたい、くわしくなりたいと思うようになると、勉強が必要になる。好きなことを思いきりやろうとすると、勉強が必要になるということもよくわかります。

好きなものがあれば、この世は楽しいんです。**つらいことがあっても、好きなもの、夢中《むちゅう》になれるものがあると、生きていく力が出る**んです。

「毎日いいことなんか全然ない。生きているのがしんどい。死んでしまいたい」と口にしていた人が、アイドルを好きになり、熱烈《ねつれつ》なファンになったことで、「生きているのも悪いことばかりじゃない」と思えるようになった、ということもあります。

夢中《むちゅう》になれるものがあると、人は「死にたい」なんて気にはならなくなるのです。

好きなものがあるって、そのくらい重要なことなんですよ。

中学生、高校生のときに、「この世界って、広くて深い、そしておもしろいものに満ちている」と思えるのは、生きる力という意味でとても大事なことです。

好きなもののことは、人に話したくなります。口ベタで人づきあいが苦手な人でも、自分の好きなもののことなら、みんな語れます。ぼくは、**友だちとは、好きなものについて楽しく語り合える人のこと**だと思っているんですね。

同じものが好きだと意気投合しやすい。でも、好きなものが同じでなくても、お互《たが》いに好きなものについて語り合うことで、共感したり、刺激《しげき》を受けたり、感じ方の違《ちが》いを知ったりできる。そういう友だちがひとりでもふたりでもいたら十分。たくさん友だちがいる必要はないんです。

もし身近なところにそういう相手がいなくても、いまはネットを通して、共通の趣《しゅ》味《み》をもっている、共感し合えそうな人と分かち合うこともできますしね。

好きなものがあれば、ひとりぼっちじゃない。コミュニケーションがとれます。好きなものがひとつだけでなくて、いくつもあったら、話せる相手がもっと増《ふ》える。**好きなものを増《ふ》やしていくことは、話の合う人を増《ふ》やすことにもつながる**んです。

人の好みを否定《ひてい》してはダメ

人が「これが好き」と言ったときに、否定的《ひていてき》なことを言う人がいます。「え〜っ、あんなのどこがいいの？　どういう趣味《しゅみ》してるの？」

言われたほうは、とても傷《きず》つきます。まず自分の好きなものをけなされたことに傷《きず》つき、自分の好みを否定《ひてい》されたことに傷《きず》つく。ダブルで傷《きず》つくのです。

他人の好きなものを否定《ひてい》するのは、言葉の暴力《ぼうりょく》であると心得ておきましょう。

じつを言うと、ぼくは20代の前半まで、そういうときに批判的《ひはんてき》なことをズバズバ言って、人を傷《きず》つけてしまうほうでした。正直に思ったままを言うことが、誠実《せいじつ》な対応《たいおう》だと思っていたからです。

でも、自分の好きなものを否定《ひてい》されて喜ぶ人はいません。「不愉快《ふゆかい》なことを言うやつ」という印象しかもたれないのです。

そのため、ぼくはずいぶん友だちを失いました。何かの集まりがあっても、だんだん声をかけてもらえなくなったのです。

そういう教訓も踏《ふ》まえて、きみたちには言いたい。

人の好きなもの、大事にしていることなどについて、否定的《ひていてき》なことを言ってはいけません。

だからといって、心にもないウソを言え、ということではありません。

AとBというものがあったら、「BよりAのほうがいい」とか、「いやBのほうがいい」という見方をしない。

Aには Aのよさが何かあり、Bには Bのよさが何かある。そこに目を向けるんです。

AもBもCもZもいい、「みんなちがって、みんないい」のです。

だれの趣味《しゅみ》も否定《ひてい》しないで、「あっ、それいいですね」「それもいいですね」とおおらかに言えるようになるためには、いろいろなよさに気づける幅《はば》の広さ、心の広さが必要になります。

「あれもいい」「これもいい」と思えると、世界が広がる

「自分のなかでは、いまこれが来ている」という感じでハマっているものを、みうらじゅんさんが「マイブーム」という言葉で表現《ひょうげん》しています。

これを聞いたとき、「うまいこと表現《ひょうげん》するなあ」と思いました。

ぼくも何かを好きになっていくとき、集中的に「マイブーム」を深めるタイプです。たとえば、何かでジャズの曲を聴《き》いて「いいな」と思ったら、いろいろなジャズを聴《き》きまくります。まさに「マイブームはジャズ」になるわけです。

タンゴが気に入ったら、タンゴ曲ばかりいろいろたくさん聴《き》く。たくさん聴《き》いていると、一口にタンゴといっても、それぞれこんなに違《ちが》いがある、こんなに幅《はば》があるものなんだ、とわかるようになってきます。タンゴというものの奥《おく》の深さを想像《そうぞう》できるわけです。

「こんなに幅《はば》があるんだ」と知ることで、「タンゴってこういうものでしょ」と単純《たんじゅん》に決めつけてしまう状況《じょうきょう》から脱却《だっきゃく》できるのです。

クラシックの弦楽《げんがく》を集中して聴《き》いている時期もありましたし、演歌《えんか》ばかり聴《き》いている時期も、80年代の日本の歌謡曲《かようきょく》にどっぷり浸《つ》かっていた時期もあります。

自分の関心のあるものだけでなく、だれかから勧《すす》められたり、「こういうの、知ってますか？」と話を振《ふ》られたりすると、すぐにそれを聴《き》いてみます。

いまのアイドルの曲も聴《き》きますし、どういうものかを体験してみるために地下アイドルのコンサートに行ってみたこともあります。

音楽ではないですが、落語ざんまいの時期もありました。

短期集中的にいろいろなジャンルのものをマイブームとして味わっているうちに、好きなものがどんどん増《ふ》えたのです。

その結果、いろいろな人と、好きなものについて話ができるようになりました。相手の趣味《しゅみ》を否定《ひてい》することなく、「ああ、あれいいですよね」と話に乗っていける。そうすると会話がはずみます。相手もうれしそうですし、自分も楽しい。人づきあいも、とても円滑《えんかつ》になりました。

「好き」から広がる心の豊《ゆた》かさ

新しいものに出合って、これとこれがつながっていたと気づき、またそれが別のものとつながって、遠いところのあれやこれともつながっていく。

脳《のう》のなかで無限《むげん》にシナプスがつながり合っていくと、いろいろな人と出会ううれしさのような、「つながる快感《かいかん》」のようなものが脳《のう》のなかに生まれます。

好きなもののつながりが、さらなる幸せを呼《よ》ぶ。

「あれもいい」「これもいい」と感じるものが蓄積《ちくせき》され、自分のなかに好きなものがどんどん増《ふ》えていくと、心がどんどん豊《ゆた》かになっていきます。

その心の豊《ゆた》かさこそが「教養」というものだとぼくは思っています。高尚《こうしょう》な知識《ちしき》をもっていること、むずかしいことを知っているだけが教養ではないんです。

マンガも、流行《はや》りの音楽も、食べ物の味わいがわかることも、文化であり教養です。本を読む、音楽を聴《き》く、美術《びじゅつ》作品を観《み》る、映画《えいが》を観《み》る、いろいろな方向に自分を開いて、たくさん読んだり聴《き》いたり観《み》たりする。「もっと読みたい」「もっと聴《き》きたい」「もっと観《み》たい」ということで関心を広げていると、知識《ちしき》もついてくるし、見る眼《め》、聴《き》く耳も育ってくる。

自分に「もっと知りたい」「もっとくわしくなりたい」という気持ちを起こさせてくれるものを、つねに追い求める。その世界に潜《もぐ》りこんでいく感覚を大事にする。それが知的好奇心《こうきしん》です。

「これも好き」がどんどん増《ふ》えて、知識《ちしき》がどんどん幅広《はばひろ》くなって、深みも出てくる。

客観的な目で語れる、それが教養なんです。

手塚治虫《てづかおさむ》さんは、マンガ家になるためにトキワ荘《そう》にいた赤塚不二夫《あかつかふじお》さんたちによくこう言っていたといいます。

「一流の映画《えいが》をみろ、一流の音楽を聞け、一流の芝居《しばい》を見ろ、一流の本を読め。そして、それから自分の世界を作れ」

マンガ家になるといっても、マンガの勉強をするだけが大事じゃないんだ、いろいろな一流のものに触《ふ》れて、自分の感性《かんせい》を磨《みが》いていくことこそが大事だよ、と言っていたんです。

これは言葉を換《か》えれば、「好奇心《こうきしん》をもって、豊《ゆた》かな心を磨《みが》け」ということなのです。

きらいなこととやりたいことは地続きだった

ぼくはきみたちぐらいの年齢《ねんれい》のとき、「勉強」と「教養」につながりを見いだせませんでした。

勉強は「やらされている」感じの強いもの、義務的《ぎむてき》な感じのもの。教養は自分の興味《きょうみ》のあることに対して、自分の意思で自由に深めていけるもの。そう考えていました。ぼくは勉強はきらいでしたが、教養にはあこがれをもっていました。

東大に行けば、教養をみっちり身につけられると思いました。東大に入学した学生は、1年、2年のときは全員が教養学部の学生となります。

ぼくは教養の学べる最高学府に行きたかった。それには入試を突破《とっぱ》しなくてはいけない。そう考えることで、受験《じゅけん》勉強に意義《いぎ》を見いだすことができるようになったんです。

大学に入学してから、**「勉強と教養は地続きのものだった」**と気づきました。

英単語をせっせと覚え、長文読解《どっかい》ができるようになっていると、知りたいことを英語の本で直接《ちょくせつ》読めます。

歴史を覚えていると、「この時代、西洋はどういう時代で、中国は何時代、日本は何時代、世界はこんなふうにつながっていたんだ」と大局的な視点《してん》がもてます。

数学でつちかった論理的《ろんりてき》な思考は、哲学的《てつがくてき》なものの考え方を理解《りかい》するのにも役立ちます。

教養という果実が高い木の上にあるとすれば、そこまで届《とど》くようなはしごを作っていたのが勉強でした。

教養という魚が知の海をたくさん泳いでいたとするなら、どうやったらその魚を獲《と》ることができるか、その網《あみ》を作っていたのが勉強でした。

勉強をすることで、高いところにあるよく熟《じゅく》したおいしそうな果実も採《と》れるようになる。大きな魚を獲《と》ることもできる。勉強をしてきたことで、教養をより深めていけることを実感したのです。

「受験《じゅけん》勉強なんてきらいだ」「自分のやりたいことなんて、そこにはない」と投げ出してしまわなくて本当によかった、と思いました。

好きではないこともやるから、好きなことがいっそう楽しくなったのです。

「好きなこと」はどんどん増《ふ》やし、深め、広げていくべきです。

でも、「好きではないこと」も必ず好きなことにつながっているんです。いまはそれに気づけないでしょうが、いずれ気がつくときがきっと来ます。

第6の格言《かくげん》

好きなことにどんどんハマれ！情熱《じょうねつ》の火種を燃《も》やせ！

深く深く潜《もぐ》っていくからこそ…
見つけられるものがある…！

第7章

思春期は不機嫌《ふきげん》でいても いいと思ってる？

「反抗期《はんこうき》」に甘《あま》えるな！

中学生は、親しい友だち同士だと仲がよくてご機嫌《きげん》ですが、大人や仲間以外の人に対しては不機嫌《ふきげん》ということが多いです。

やたらイライラして、言葉も態度《たいど》もつっけんどんになる。小学生の高学年くらいから始まる人もいますし、高校生になっても続く人もいます。

世の中ではこれを「反抗期《はんこうき》」と呼《よ》びます。

「思春期特有のホルモンバランスの乱《みだ》れからくるもの、仕方ない」と見なす人もいますが、ぼくは「仕方ないことではない」と考えています。

なぜなら、「みんながみんな、その時期に荒《あ》れるわけではない」から。この時期に激《はげ》しく反抗《はんこう》しないと、その後ちゃんとした大人になれないわけではありません。

家族間の会話が多い家庭では、思春期でも家で反抗的《はんこうてき》になりにくい、という統計《とうけい》もあります。

そもそも、だれに対しても不機嫌《ふきげん》なのではなく、仲よしの友だちにはご機嫌《きげん》で接《せっ》することができている。

気分の上下動にどうすることもできないわけではなく、「わがままなことをしても大丈夫《だいじょうぶ》」と思う相手にだけ、不機嫌《ふきげん》をまき散らしていると思われます。

きみたちにとっていちばん大切なのは、仲のよい友だちでしょう？

親や家族、先生を、「うまくつきあわなければならない相手」とはあまり思っていない。

関係を良好にするため、一生懸命《いっしょうけんめい》コミュニケーションしなければならない相手と思っていないから、不機嫌《ふきげん》をダダ漏《も》れにしてしまうんじゃないかな？

いまの大人たちは、きつく叱《しか》らなくなりました。きみたちを理解《りかい》しよう、尊重《そんちょう》しよう、ソフトなやり方でうまく折り合おうとします。それをいいことに、当たり散らしてしまっているんじゃないかな？

それは反抗《はんこう》というより、ただの甘《あま》えだ、とぼくは思うわけです。

感情《かんじょう》のおもむくままにふるまってもゆるされるのは、言葉をもたない赤ん坊《ぼう》だけです。

身体《からだ》的にも精神《せいしんてき》的にも成長し、これから本格的《ほんかくてき》に大人の仲間入りをしようとしている人が、不機嫌《ふきげん》ダダ漏《も》れという子どもじみた態度《たいど》をとっているのは、本来はずかしいことなんです。

「今、不機嫌《ふきげん》がダダ漏《も》れかも！」と自覚《じかく》するだけで、上機嫌《じょうきげん》になります。

不機嫌《ふきげん》は環境破壊《かんきょうはかい》になる

ぼくは、「いまの中高生の気のつかい方って、すごい」とも思っています。

SNSで毎日たくさんのやりとりをしていて、じつにすばやく対応《たいおう》する。

「既読《きどく》なのに返事がこないのはどうしてだろう？」と気をまわしたりもする。

友だちとのコミュニケーションに対するきみたちの神経《しんけい》のつかい方は、本当にすごい。

やろうとすれば、ちゃんと気分をコントロールして対応《たいおう》することができるんですよね。その能力《のうりょく》があるのに、身近な大人に対しては神経《しんけい》をつかっていない。

そこに問題がある。

気をつかわなくてはいけない相手とは、友だちだけではないんです。自分がかかわりをもつ人すべてに、気をつかわなくてはいけない。それが人としての作法なんです。

「気をつかう」というのは心の習慣《しゅうかん》です。

人に心配りすることとは特別なことのように思っていたら大間違《おおまちが》いで、**起きて活動しているときは、人はつねに気をつかっていなくちゃいけない**んです。

気をつかわなくていいのは、ひとりでいるときと、寝《ね》ているときだけ。

人のいるところには必ず「気」というものがあり、人と人のあいだにただよっているものだからです。それを無視《むし》して、ただ自分の気分の波を人にぶつけてしまうことは、その場の空気を悪くする環境汚染《かんきょうおせん》です。

不機嫌《ふきげん》は伝染《でんせん》します。だれか不機嫌《ふきげん》ウイルスをもち込《こ》む人がいると、その場はウイルスに侵《おか》されて気がよどみ、どんどん環境《かんきょう》が汚染《おせん》されていきます。

不機嫌《ふきげん》ウイルスをまき散らしている人は、環境破壊《かんきょうはかい》をしているんです。

本当に頭のいい人は不機嫌《ふきげん》をまき散らさない

不機嫌《ふきげん》がいかに環境《かんきょう》を壊《こわ》すか、人のことはけっこうよくわかるものです。

たとえば、いつも感情的《かんじょうてき》に怒《おこ》ってばかりいる先生がいると、クラスの雰囲気《ふんいき》もピリピリして最悪です。

友だち同士のSNSのやりとりでも、感情的《かんじょうてき》になってだれかを攻撃《こうげき》するような人が出てくると、つられるようにほかの人も言葉が乱《みだ》れ、雰囲気《ふんいき》が悪くなっていきます。

不機嫌《ふきげん》は、ただ言葉のやりとりをしているだけでも伝染《でんせん》していくんです。

相手が友だちであろうが、家族であろうが、たまたま電車でとなり合わせた他人であろうが、関係ありません。だれに対しても気をつかう必要があるんです。

どんな環境《かんきょう》にも、自分の不機嫌《ふきげん》をまき散らしてはいけません。

本当に頭のいい人は、それがわかっている人、それができる人です。

まずは自分の行為《こうい》が、環境汚染《かんきょうおせん》になることを知らなくてはいけません。知ることは変えていく第一歩です。

問題意識《いしき》ができたら、変えていく努力、工夫《くふう》ができます。

知ってもまだやりつづける人は、環境《かんきょう》への想像力《そうぞうりょく》がはたらかない大バカ者です。

不機嫌《ふきげん》はクセになります。

悪いクセというのは、気をつけているときは抑《おさ》えることができますが、カッとなったりしたときに、無意識《むいしき》にポロッと出てしまうものです。

「そんなつもりはなかった」

と言いながら、何度も同じ過《あやま》ちを犯《おか》す人がいますが、悪いクセは徹底的《てっていてき》に治しておかなくてはいけません。

ぼくはこれまで大人たちに「機嫌《きげん》というのは自分でコントロールできるものだ」「不機嫌《ふきげん》は罪《つみ》だぞ」と言いつづけてきましたが、中高生のときからこの意識《いしき》をもつことは、必ず自分の将来《しょうらい》のためになると思います。

機嫌《きげん》とは、自分でコントロールできるものです。

「人に迷惑《めいわく》をかけない」ことが大切なように、「人を不愉快《ふゆかい》にさせない」ことの大切さに気づきましょう。これは人間関係の基本《きほん》です。

意識的《いしきてき》に「上機嫌《じょうきげん》」であろうとすることが、きみのまわりを変えていきます。

コツは「にもかかわらず上機嫌《じょうきげん》」であること

ぼくの定義《ていぎ》する上機嫌《じょうきげん》とはどういうものか。

「気分のよしあしにかかわらず、つねに明るく、おだやかに人と接《せっ》すること」です。

よく、「明るくて、いい人のふりをすることか」と勘違《かんちが》いする人がいます。

いい人のふりをするんじゃないんです。人にこびたり、自分を偽《いつわ》ったりすることとは違《ちが》います。

自分の気分の揺《ゆ》れを、対人関係に出さないようにするのです。

イライラしたり、むしゃくしゃしたり、悲しかったり、落ちこんだり、そういうネガティブな感情《かんじょう》があっても、「それはそれ。いま目の前にいる人には関係ないことだよね」という気分で切り離《はな》すのです。

「それはそれ、これはこれ」と切り離《はな》して考えて、人に対してはどんなときでも安定したおだやかさで向き合う。

ぼくはよく大学生に、

「『○○にもかかわらず上機嫌《じょうきげん》』と声に出して言ってみるといいよ」

と言っています。
「ストレスでイライラしている……にもかかわらず上機嫌《じょうきげん》」
「ゆうべは寝不足《ねぶそく》……にもかかわらず上機嫌《じょうきげん》」
「就活《しゅうかつ》、またダメだった……にもかかわらず上機嫌《じょうきげん》」

いろいろあって、本当だったら元気が出なくてドヨンとしてしまいがちな状況《じょうきょう》だけれども、あなたには上機嫌《じょうきげん》で接《せっ》しますよ、ということなんです。

これを習慣《しゅうかん》にしていると、気分っていうのは自分でコントロールできるようになります。

そして、気分がコントロールできると、そうでないときよりも、すがすがしくさわやかな気分でいられるようになります。

だれかに機嫌《きげん》をとってもらうんじゃなくて、**自分で自分をご機嫌《きげん》よくさせてあげる**んです。

中学生でもできます。

学校でイヤなことがあったとしても、お母さんのせいじゃありませんからね。

「最低な気分……にもかかわらず上機嫌《じょうきげん》」になりましょう。いまから部屋で勉強しようと思っていたのに、うるさいことを言われて頭に来るということもあるでしょう。これまでは「うるせぇ」とかひどいことを言っていたかもしれませんが、「猛烈《もうれつ》に腹立《はらた》っている……にもかかわらず上機嫌《じょうきげん》」で乗り切りましょう。

こんなことでも変えられる

「にもかかわらず上機嫌《じょうきげん》」がいますぐにはできそうになかったら、とりあえず日常《にちじょう》の**あいさつだけはきちんとする。**

「おはよう」「いただきます」「行ってきます」「ただいま」……

あいさつというのは、「わたしはあなたに気をつかっています」という気持ちをあらわす言葉がけなんです。その最低限《さいていげん》のコミュニケーションがとれていれば、相手は不機嫌《ふきげん》だとは感じなくなります。

これなら今日からすぐにできるでしょ。

あいさつから自分を変えてみましょう。

表情《ひょうじょう》から変えていく方法もあります。

「眉間《みけん》にシワ」の顔はやめて、「口元に笑《え》み」の顔にする。

みんな、楽しいときには自然に笑っているよね。表情筋《ひょうじょうきん》がゆるんで、緊張《きんちょう》がほどけるんです。

この効果《こうか》を利用して、顔の表情筋《ひょうじょうきん》をゆるませます。

楽しいから笑うのではなく、まず**笑顔《えがお》にしていると気持ちもおだやかになる**んです。

相手との関係をよくするために、自分の気を相手に合わせていくという方法もあります。

気が合う人と仲よくできるのは普通《ふつう》。ちょっと合わない人には、こちらから寄り添《よそ》うんです。

人と意見が違《ちが》ったとしても、相手の言うことを否定《ひてい》したり、やっつけようとしたりするのではなくて、

「あっ、そうか、そういう見方もあるよね」

と、**相手の意見に上手に合わせていく**。

日ごろSNSできたえられているきみたち世代には、こういうこともけっこう自然にできるんじゃないかと思います。

「感じのよさ」が求められる社会

世の中には「時代の空気」というものがあります。

たとえば、高度経済《けいざい》成長時代といわれたころの昭和の時代というのは、活気ある時代だったけれども、いまみたいな繊細《せんさい》さはなかったんですね。経済発展《けいざいはってん》が第一で、公害による環境汚染《かんきょうおせん》という意識《いしき》は今より低かった。

そういう時代は、人々もいまより粗野《そや》だった。荒《あら》っぽかったんです。いまなら、「パワハラでアウト！」と言われるようなことが、普通《ふつう》に行われていました。

これからきみたちが生きていく時代というのは、そうではありません。

高度に成熟《せいじゅく》した社会になって、環境《かんきょう》への配慮《はいりょ》、他者への配慮《はいりょ》というものが求められる時代になっています。

感じがよくないとやっていけないという「高度社会成熟《せいじゅく》時代」「感じのよさ重視《じゅうし》社会」になってきているわけです。

お店にすごく感じの悪い店員さんがいて、お客さんがイヤな思いをすると、それがネットで拡散《かくさん》されて、お店の評判《ひょうばん》が落ちる。こういったことがよくあります。

だから、お店で雇《やと》う人も「感じのいい対応《たいおう》ができる人か」が大事になります。

宅配便《たくはいびん》のドライバーの人たちも、運転ができて荷物が届《とど》けられればいいわけではなく、感じよく話をすることもできないといけません。どんなに運転がうまく、仕事が早くて優秀《ゆうしゅう》でも、届《とど》けてくれたときの態度《たいど》が不愛想で感じがよくないと思われると、マイナス評価《ひょうか》をつけられてしまいます。

何かをコツコツ研究するような仕事は、そんなの関係ないだろうと思うかもしれませんが、やっぱり感じのいいコミュニケーション力がないといけない。

チームで研究するわけですから、協調性《せい》が大切になります。

研究をしつづけるためには、お金がかかります。その研究が成功したら役立つ企業《きぎょう》などが応援《おうえん》してくれることで、研究が続けられる。支援《しえん》してもらうには、自分たちがやっている研究に関心をもってもらえるようにしなければならないわけです。

どこで何をするにも、人とうまくやることが大事

いまの時代、別に**人とうまくつきあえなくても、インターネットさえあればひとりで生きていけるような雰囲気《ふんいき》が、社会にただよっています。**

学校に行かなくても勉強する方法はいろいろあります。

家にいながらにして、買い物だってできます。

職業《しょくぎょう》にしても、会社に所属《しょぞく》しなくても仕事する方法、お金をかせぐ手段があるかのように思えます。しかし、実際《じっさい》にはそうはなっていないんです。

やっぱりコミュニケーション力が必要。いえ、いままで以上に、感じよく人とかかわれることが、求められるようになっているのです。

「会社員になんかならない、フリーターで生きていくからいい」と言う人がいます。

フリーターというのは、職場《しょくば》をいろいろ替《か》えていくということです。だから、社員としてひとつの会社にいつづけるよりも、いろいろな人とコミュニケーションする

能力《のうりょく》が求められます。新しい職場《しょくば》に行くたびに、そこでいろいろな人と新たに人間関係を作らなければいけないのです。

でも、そういうことはあまり言われないでしょ。いかにもフリーターは自由で、気楽みたいなことが言われる。本当はそうじゃないんです。

フリーターで仕事するというのは、いろいろなところでいろいろな人とうまくやっていく人間関係力がないと、なかなかむずかしい。

これからの時代も、**どこに行って何をするにも、やっぱりコミュニケーション力が必要になってくる**んです。

「コミュニケーションは苦手」「人とかかわらなくていいことだけしていたい」と思ってしまうと、生きづらくなります。

感じのよさは能力《のうりょく》以前の問題

学生時代にこういうことを教えてくれる人がいたら、ぼくはもっと早くにコミュニケーションの大切さ、感じのよさの大切さに気づけていただろうと思います。

ぼくは大学院時代、不機嫌沼《ふきげんぬま》にどっぷりと浸《つ》かっていました。普通《ふつう》に会話をしているときも、相手の間違《まちが》いをズバズバ指摘《してき》し、強く否定《ひてい》してしまうようなことをしていました。それが正直な生き方だと思いこんでいました。

人から好かれるようなことをしなくても、正しいことが通る、能力《のうりょく》が高ければ認《みと》められる、と思っていました。

そうやって「わが道を行く」ということを貫《つらぬ》いた結果、20代後半になっても無職《むしょく》、仕事がありませんでした。いっしょに働こうと思ってくれる人がいなかったのです。

やたらと人に攻撃《こうげき》を仕かける人は、かわいげがないんです。まわりを不愉快《ふゆかい》にする。そういう人間に仕事をまわしてやろうという人はいませんでした。

これは才能《さいのう》とか仕事の能力《のうりょく》といったこと以前に、人とのかかわり方で判断《はんだん》されることなんです。

感じよく対応《たいおう》できることがまずあって、それから能力《のうりょく》が評価《ひょうか》されるんです。人は、気をつかえるから社会でちゃんとやっていけるのです。

縁《えん》あって大学講師《こうし》の職《しょく》につくことができたとき、ぼくは自分の間違《まちが》いを痛烈《つうれつ》に反省しました。

そして自分自身の苦い経験《けいけん》をもとに、コミュニケーションの大切さ、人間関係の築《きず》き方がどんなに大切かということを伝えるようになったのです。

コミュニケーション力なんてなくてもいい、と思ってはダメですよ。不機嫌《ふきげん》でいてもゆるされる、自分には高い能力《のうりょく》があるんだから、なんて思っていてはいけません。


むやみに人を敵《てき》にまわさないこと。やたらと人を傷《きず》つけないこと。


そういうことをしていると、人間関係がどんどん悪化して、いろいろなことがうまくいかなくなります。自分がどんどん狭《せば》められていく感じがあります。それは息苦しいものです。

いま考えると、ぼくは不機嫌《ふきげん》をまき散らして環境破壊《かんきょうはかい》をしていたんです。

大人になってから「しまった！」と思わないように、きみたちはいまから心がけておきましょう。

「とりあえず判断保留《はんだんほりゅう》」から始める

中高生くらいのときは、人に対して「この人は自分の敵《てき》か、味方か」というとらえ方をしやすい傾向《けいこう》があります。

「味方」だと思えれば、心をゆるしていろいろ話せる。

「敵《てき》」だと感じると、心に鎧《よろい》をまとう。

だけど、味方だと思っていてもじつはそうではない人もいます。そういう人からイヤな思いをさせられた経験《けいけん》があると、「人ぎらい」になっていきやすいんです。

一方で、敵《てき》かと思っていたら、そうではなかったという場合もあります。

人って、そうそう簡単《かんたん》にはわからないものなんですよね。

ぼくは、すぐに「敵《てき》か、味方か」と決めつけた見方をするんじゃなくて、**「とりあえず判断保留《はんだんほりゅう》」という枠《わく》をつくっておいたらいい**と思っています。

そういう人とは、**上機嫌《じょうきげん》モードであいさつし、軽く雑談《ざつだん》ができる程度《ていど》のおつきあいをしていればいい**わけです。

顔を合わせたら、なんとなくなごやかに言葉を交《か》わすぐらいの関係。

味方でもないし、敵《てき》でもない。友だちというほど親しくなく、でも会って話したら楽しい知り合い。

判断保留《はんだんほりゅう》の人とは、くっつきすぎず、離《はな》れすぎず、ほどほどの関係でつきあいます。

そうやって接《せっ》しているうちに、少しずつ相手のことがわかってきて、「もう少し親しくなれそう」とか、「ちょっと合わなそう」とか、その人との距離《きょり》のとり方がつかめるようになってきます。

ずっと、ほどほどのおつきあいでいるのが心地《ここち》いい場合もあります。

本当は「敵《てき》か、味方か、判断保留か《はんだんほりゅう》」という3つの分類で考えるよりも、たいていの人とはみんな「判断保留《はんだんほりゅう》」状態《じょうたい》でつきあおう、と考えたほうが気楽なのではないでしょうか。

悩《なや》みを打ち明けたり、ちょっと深い話ができる相手は、ひとりかふたりいれば十分。

それが親友。

そのほかはみんな「判断保留《はんだんほりゅう》」。

知り合った人を片《かた》っ端《ぱし》から「友だち」とカウントしたら、たしかに友だちの数は増《ふ》えます。でも、それで人間関係が豊《ゆた》かになるわけではありません。

友だちで大事なのは、数の多さじゃないですからね。

それから、「敵《てき》」と見なす人もつくらない。

「この人は自分を傷《きず》つけてくる」「こわい相手だ」と感じたら、その人とはかかわらないようにするんです。

たくさんのなごやかにつきあえるほどほどにいい関係の「判断保留《はんだんほりゅう》」の人たちと、少数精鋭《せいえい》の「味方」だけ。自分のまわりにいるのはそういう人だけだと考えているほうが、人間関係でのストレスが少なくなるんじゃないかと思います。

にこやかな雑談《ざつだん》のヒントは「好きなもの」

顔を合わせたらなごやかに言葉を交《か》わすぐらいの関係の人と、どんな話をするかというと、雑談《ざつだん》でいいんです。

ただしポイントがひとつあって、それは「相手の好きなもの」に賛同《さんどう》すること。

たとえば、相手が犬好きな人で自分の飼《か》っている犬の話をよくする人だとします。

そうしたら、「犬っていいよね」と相手に共感して、犬の話をするのです。

簡単《かんたん》にいえば、**「いいね！」をSNSではなく、実際《じっさい》の会話でやる**わけです。

猫《ねこ》好きな人が「うちの猫《ねこ》かわいいんだ」と言ったら、その話に乗る。YouTubeで見た猫動画《ねこどうが》がおもしろかったという話なんかすると、きっと盛《も》り上がります。

そういう話題をにこやかにして、「じゃあ、またね」とサッと別れる。

深入りせずに、サラッとコミュニケーションする。

自分の話、自分の好きなものの話ではなく、**相手の好きなものの話を、楽しくできるというのがコツ**です。

ぼくは、剣道《けんどう》をやっている人には剣道《けんどう》の話を、将棋《しょうぎ》の好きな人には将棋《しょうぎ》の話を、山登りが好きな人には山の話を聞くことにしています。ぼく自身はくわしくなくても、話を聞くことはできますから。

たとえ立ち話でのほんの1、2分でも、相手の好きなものについて楽しく話ができると、いい雰囲気《ふんいき》でつきあえる人、感じのよい人という印象をもってもらいやすいんです。

これをぼくは「雑談力《ざつだんりょく》」と名づけています。ただの雑談《ざつだん》ではなく、ちょっとしたコツをつかんで練習することで上達していく力のことです。

もちろん、天気の話なんかでもいいんですよ。「寒いね」でも「晴れて気持ちいいね」でもいい。けれども、それでは相手がだれであっても同じ。その人とした会話がお互《たが》いに印象に残らないですよね。

その人にかけるべき言葉、その人に聞くべきことがあります。

それは、その人に聞いたら、**会話が気持ちよく進むようなこと。**

聞かれてうれしくないようなことは聞かない。

好きなものの話題は、間違《まちが》いなく相手の気分をよくします。そうすると、短時間でも「あの人と楽しい話をしたなあ」と印象に残りやすいのです。

好きなもののつながりは交流関係を増《ふ》やす

そう考えると、社会性《しゃかいせい》というのも、そんなに複雑《ふくざつ》なものではないということになります。

にこやかに雑談《ざつだん》して、相手の好きなものについて話せばいい。

いつでも「相手の好きなものはなんだろう?」と考える習慣《しゅうかん》をつけて、「この人はこれが好き」「あの人はあれが好き」ということを覚えておく。そして、その話をパッとする。

そういう頭のよさ、反応《はんのう》のすばやさを、雑談力《ざつだんりょく》で磨《みが》くのです。


前の章で、「好きなものを増《ふ》やそう」という話をしました（➡154P）。

自分が好きなものがひとつかふたつしかなかったら、それが好きという人としか話を合わせることはできません。でも、「あれもいい」「これもいい」と好きなものがいろいろあれば、それだけたくさんの人と話を合わせることができます。

好きなものを増《ふ》やしておくと、話が合いやすくなって、社交的になれます。

同じものを好きな同士は、共感、共鳴するところが多いので、意気投合して話せることが多くなります。

好きなもののつながりで、くわしい人同士でないとわからないような、深い話もできるようになります。

親友、味方といえる人は、そういう関係からできていくケースも多いです。

よく知らない人と接《せっ》するとき

中学、高校時代のいまから「雑談力《ざつだんりょく》をつける」ことを意識《いしき》して練習しておくと、コミュニケーションに自信がつきます。一生、困《こま》らないと思います。

最後に、あまり親しくない人やよく知らない人と接《せっ》するときに、何に注意したらいいかを教えておきましょう。

大事なのは、感じのいい人だと思ってもらうこと。それには「いつでもどこでも上機嫌《じょうきげん》」「にもかかわらず上機嫌《じょうきげん》」であることが必要です。

自分はそういう姿勢《しせい》だということを、よく知らない人にも伝えるには、

①相手の目を見て

②にっこりほほえんで

③相手の言うことに、うなずいたり、相づちを打ったりする

ことです。

これだけで、感じのいい人だと思ってもらえます。

練習すれば、だれでもできること。ふだん友だちと話すときも、家族と話すときも、意識《いしき》してこれをやってみてください。

見知らぬ人相手でも練習できます。

たとえば、電車のなかでお年寄《としよ》りに席を譲《ゆず》るとき。黙《だま》って立ち上がって席を空けるのではなく、相手の目を見て、笑顔《えがお》で、「どうぞ」と言ってみましょう。

席を譲《ゆず》るという行為《こうい》は同じなのに、相手からの感謝《かんしゃ》のされ方が違《ちが》ってきます。


中高生は、年上の人、年の離《はな》れた大人と接《せっ》する機会がふだん少ないので、「大人は苦手」と言う人が多いです。しかしそれは、大人と接《せっ》する練習をし慣《な》れていないから。

社会でうまくやっていくには、年齢《ねんれい》、性別《せいべつ》、文化、いろいろ異《こと》なる世界をもった人に対してオープンになり、自分とは違《ちが》う考え方、違《ちが》う価値観《かちかん》の人ともおだやかにやりとりすることが大切です。

よく知らない人とも、なごやかに交流できるような方法をいまから身につけておいたら、これはもう怖《こわ》いものなしでしょう。

人を気分よくさせられる、喜ばすことができるというのは、本当の頭のよさの大事な条件《じょうけん》だとぼくは思います。

第7の格言《かくげん》

ほがらかな人になろう。
自分も他人も
上機嫌《じょうきげん》にできる人になろう。

…
イライラしてるねぇ…
そういうときは…
そのイライラを…
小さく小さくして…手のひらにのせてごらん
…
…
ふっ
へんなおまじない
でも笑ったね

第8章

生きていくってどういうこと?

道はひとつではない

今後、きみたちはいろいろなトラブルに向き合うと思います。

トラブルに強いかどうかというのは、心が強い、メンタルがタフだ、というだけではないと思うんですよ、ぼくは。

どんな状況《じょうきょう》にも、別の選択肢《せんたくし》があります。別の道、ほかのやり方が必ずある。

そのことをちゃんと意識《いしき》しているかどうか。

傷《きず》つきやすい人、自分は心が弱いと思っている人でも、

「ほかにも選択肢《せんたくし》がある！」

と考えられれば、絶望的《ぜつぼうてき》にならないでむずかしい局面を乗りきれるのです。

いちばんよくないのは、問題にぶち当たったときに、「こうするしかない」という思いこみにはまってしまうこと。

気分が心配ごとにとらわれ、視野《しや》がどんどん狭《せま》くなって、心を支配《しはい》しているただひとつのことしか見えなくなってしまう。別の可能性《かのうせい》ということがまったく考えられな

くなってしまうのです。

どんなことでも、どんなときでも、**八方ふさがり、打つ手が何もない、ということはないんです。**


講演会《こうえんかい》で高知に行く機会があったので、ぼくは坂本龍馬《さかもとりょうま》の記念館に立ち寄《よ》りました。そこに名言入りのＴシャツがあって、「おっ、これはいい」と買ってきました。

「人の世に道は一つということはない。道は百も千も万もある」

と書いてあるんです。

司馬遼太郎《りょうたろう》さんが書いた『竜馬《りょうま》がゆく』のなかに出てくる言葉ですね。

ものごとのアプローチは何通りもある。行き着くための道はさまざまあるよ、ということです。

坂本龍馬《さかもとりょうま》は、こういう柔軟《じゅうなん》な発想で、つねに「ほかに手があるはずだ」「こういうこともできるんじゃないか」と考えつづけていた人です。

あれもある、これもある、そうやって**いろいろ考えられるやわらかな頭をもっているのが本当の頭のいい人だ、**とぼくは思いますね。

いろいろな可能性《かのうせい》が考えられれば、不安は少なくなります。不安が減《へ》れば、生きるのが楽になる。

実際《じっさい》、「道はほかにもある」と考えつづけていたら、なるようになるんです。

心にケリをつけていく

あれもある、これもある、というのは、選択《せんたく》を考えているときのことです。

心を決めて行動したら、あとからそのことについてクヨクヨ考えてはダメです。

たとえば、部活の練習がきつかった。先輩《せんぱい》もきつい。好きだったはずのことを続けていくのが苦しくなって、やめてしまったとします。

そういう人は、ぼくが3章に書いた「部活で先輩《せんぱい》・後輩《こうはい》の関係を経験《けいけん》することで、人間関係力がつく」といったことを読むと、「ああ、先輩《せんぱい》との関係に耐《た》えられなかった自分には、人間関係の力がつかないんだ」と思ってしまうことがあります。「やめるべきではなかったのかも……」と悩《なや》んでしまう。

だけど、それはそれでいいんです。

部活をやめたからといって、それで人間関係力がまったく育たないということではありませんから。

置かれている状況《じょうきょう》は一人ひとりみんな違《ちが》う。つらさや苦しさの感じ方もそれぞれ違《ちが》う。そのなかで自分で決めたことなのだから、やめても続けていても、**どっちを選んでもいいいんです。**

自分のくだした決断《けつだん》を信じてください。

しなかった選択《せんたく》のことを考えてもどうしようもないんです。

自分のした選択《せんたく》でよかったんだと思って、心にケリをつける。あとになって、あれこれ考えない。

「そうか、あれは人間関係の練習、スクランブル交差点を渡《わた》る練習だったのか。あのときはそんなふうに考えられなかった」と思ったら、「しょうがない、あのときは気づけなかったんだから。その分、これからの生活のなかで人間関係の練習をしていこう」と考えればいいのです。

過去《かこ》は変えられない。でも、これからのことはどうにでもできるのです。

つねに「これがベスト！」と思えば後悔《こうかい》がない

気持ちに踏《ふ》ん切りをつけていくことが大切なんですね。
行きたい学校に入れなかった。入試で落ちてしまった。結果、第二志望《しぼう》の学校に行くことになった。よくあることです。

けれども、「あそこに入れなかった」ということに、いつまでもこだわってしまう人がいます。そこに行っていれば輝《かがや》くような毎日があったような気がして、「この学校はたいしたことがない」とか「つまらない」とか言いながら、うつうつとした毎日を送っている。

そういう人と、「あそこに入れなかったのは、自分の実力。ここに入れたのも自分の実力。だから、ここで充実《じゅうじつ》した学校生活を送ろう」と楽しんでいる人と、どちらがいい学校生活が送れているかは歴然ですね。

いつまでもかなわなかった夢《ゆめ》を引きずっていてもしょうがないんです。

かなわなかったことには踏《ふ》ん切りをつけ、スパッと心を切り替《か》える。

「これがダメ」となった場合、**「次のベストは何か」を考える。**

次もダメだったら、「その次のベストは何か」と考える。

その時点、その時点でのベストの道を選んでいく。

第二志望《しぼう》というのは、世の中にたくさん学校があるなかで、自分が「二番目に行きたい」と選んだところです。仕方ない選択《せんたく》ではない。一番目の選択肢《せんたくし》がなくなった時点で、それがベストなのです。

つねに、**「いまある選択肢《せんたくし》のなかで、自分はベストの選択《せんたく》をした」、あるいは「いまできるベストを尽《つ》くした」**と言えれば、その結果に後悔《こうかい》することは少ないはずです。

「切り替《か》え力」は、これからの時代、ますます必要とされます。

「生きていく力」になるからです。

切り替《か》え力は現実《げんじつ》を変えていく

アメリカの実業家で、デール・カーネギーという人の本『道は開ける』のなかに、こんな言葉が出てきます。

「運命がレモンを与《あた》えたのなら、レモネードを作れ」

レモンは酸《す》っぱいもの。ここでのレモンは、もらってもあまりうれしくないもののたとえです。運命がそれを与《あた》えたのであれば、「レモンなんかあってもなあ……」と文句《もんく》を言うよりは、これをどう活《い》かせるか考えるべきだ、という話。

レモネードは甘《あま》くておいしい飲み物、みんなが喜ぶものです。つまり、普通《ふつう》ならうれしくないようなものでも、それをチャンスにできるんだ、と言っているわけです。

ぼくにはウズベキスタン人の友人がいるんですが、あるとき「彼女《かのじょ》と別れた」とポツリと言ったんです。

「そうか、傷《きず》ついたでしょ、大丈夫《だいじょうぶ》？」

と言うと、

「うん、もう回復《かいふく》した。**バスはまた来る**」

とさっぱりした感じで言うんです。

「へえ、ウズベキスタンにはそんなことわざがあるの？」

と聞くと、

「いや、ことわざじゃない、自分でそう思っているだけ」

と言っていました。

これを聞いて「バスはまた来る」というのは、いろいろな気持ちの切り替《か》えをするのに使える言葉だな、と思いました。Tシャツに印刷したいくらいです。

落ちこんで、いつまでもしょんぼりしているのも、「バスはまた来る」と吹《ふ》っ切って前を向くのも、失恋《しつれん》したことには変わりません。

でも、「チャンスはまた来る」「またいい出会いがあるだろう」と思っていられれば、人生は明るい。

これも切り替《か》え力です。

生きていくなかで、「これしかない」ということはないいんです。

切り替《か》え力とは、現実《げんじつ》を変えていく発想、ものの考え方です。

自分の力ではどうにもならないようなこともあります。人生は不公平だと言いたくなることもあります。

しかし、自分の心のもち方ひとつで変えることができます。

よくない結果、うれしくない現実《げんじつ》に対して、切り替《か》え力がわくような言葉をたくさんもっていると心強いですよ。

人生はどっちにころんでも大丈夫《だいじょうぶ》！

いろいろな例を出しましたが、もちろんうまくいけばいったでいいんですよ。部活は楽しく続けられたほうがいい。学校も、第一志望《しぼう》のところに行けたら張《は》り合いがあるでしょう。失恋《しつれん》なんかしないで、好きな人と仲よくつきあいつづけられたら、そのほうが幸せです。

しかし、その道だってその先に何があるかはわからない。**人生はどっちにころんでもオーケー、なるようになっていく**んです。

ぼく自身振《ふ》り返ってみても、大学受験《じゅけん》に失敗したときは本当にショックでした。大学院まで行ってこんなに一生懸命《いっしょうけんめい》に研究しているのに、どこにも仕事につけないときには、激《はげ》しく落ちこみました。

もしそこで自分の気持ちを切り替《か》え、リセットしていなかったら、いまのぼくはないでしょう。

切り替《か》え力があったら、いくらでもやり直しがきく。だから生きていく力になるのです。

ぼくの教えている大学生で、就活《しゅうかつ》がうまくいかない人がいました。受けても、受けても落ちてしまう。不採用《ふさいよう》の連絡《れんらく》をいくつも受けつづけていると、自分がダメな人間、世の中に不要な人間だと突《つ》きつけられているように思えて、心が折れそうになるんです。

それでも、仕事が決まらないと困《こま》るから、落ちこんでばかりいられない。気持ちを切り替《か》えて、次に向かわないといけない。

そうやって、なんと50連敗しました。それでもあきらめずに、51社目でついに採用《さいよう》されたんです。

「よかったねぇ」と思っていましたが、入社したその会社はちょっと問題があって、そのうちに給料が出なくなってしまいました。

次の選択肢《せんたくし》をまた探《さが》さなくてはいけない。そこで、「先生になろう」と考えて、教員採用《さいよう》試験を受けるために勉強しはじめたんです。

いまは教師《きょうし》として活躍《かつやく》しています。
「あのとき就職《しゅうしょく》した会社が給料を払《はら》ってくれなくて、本当によかったです。あそこで踏《ふ》ん切りがつきました」
と言っています。

「そんなことなら、最初から先生になる道を選べばよかったのに」と思う人もいるかもしれません。たしかにそのほうが、いろいろとつらい思いをしなくて済《す》んだでしょうね。

しかし、こういう流れを経《へ》て教師《きょうし》になる決意をしたことで、この人の心には「先生としてがんばっていくんだ」という強い気構《きがま》えができた、とも言えます。

教師《きょうし》の仕事も大変なことがいろいろあります。しかし、この人は簡単《かんたん》に「やめてしまいたい」とは言わないと思います。いろいろあったうえでの決断《けつだん》だからこそ、この道でがんばっていくという覚悟《かくご》ができ、肚《はら》がすわったのです。

紆余曲折《うよきょくせつ》があったことも、「むしろよかった。だからいまがある」と思えれば、そこまでのつらかったことも自分にとっていい経験《けいけん》だった、と前向きにとらえることができます。

あったことは変わらなくても、気持ちのもち方で切り替《か》えられる。切り替《か》え力があると、未来だけでなく過去《かこ》の経験《けいけん》も塗《ぬ》り替《か》えることができる、ということなのです。

「むしろよかった」「逆《ぎゃく》に楽しい」とポジティブ変換《へんかん》

ネガティブなものの見方から、パンと反転するようなポジティブな考え方ができると、とても楽になります。

それにうってつけなのが、**「むしろよかった」とか「逆《ぎゃく》に楽しい」という視点《してん》**です。「むしろ」とか「逆《ぎゃく》に」と考えるクセをつけるんです。

学校帰りに、突然《とつぜん》とんでもない雨に降《ふ》られたとします。ゲリラ豪雨《ごうう》。下着までずぶぬれ。でも、服を着たままこんなふうにびしょぬれになることって、めったにないことです。「いや、これも逆《ぎゃく》に楽しい」と考えると、そんなに不快《ふかい》なことじゃなく思えてきます。

欲《ほ》しいと思っていたスマホが品切れで、手に入らなかった。がっかりしていたら、しばらくして、もっといいデザインで安いものが新発売になった。となると、「むしろ、あっちが手に入っていなくてラッキーだった」と言えます。

第一志望《しぼう》の学校ではないところにも、「むしろ、ここでよかった」という気持ちになれるものがきっとあるんです。「あっちに落ちたからいまがある、むしろよかった」と思えたら、毎日がバラ色に変わります。

人生にはそういうことがたくさんあります。

そう考えられるかどうかなんです。

スポーツの世界では、「あの負けがあったから、いまの自分がある」ということがけっこうあります。そのときの負けのくやしさががんばる原動力になって、いまの実力につながっていく。負けが「むしろよかった」と思えるわけです。

サッカーのアウェイでの試合なんかも、相手チームの応援《おうえん》がすごすぎて圧倒《あっとう》されてしまう、やりにくいと考えるより、自分たちがここでがんばれば、より盛《も》り上がる。「逆《ぎゃく》に楽しい」と思えたら、のびのび思いっきり戦えます。

いろいろなことを「あれもこれもおもしろそうだ」と思えるようになる、ということなんです。

なんでも「むしろよかった」「逆《ぎゃく》に楽しい」と考えられるようになると、**失敗を恐《おそ》れなくなります。**

失敗もまた楽し、だからです。

中学生、高校生の間は、取り返しのつかない失敗なんてものはありません。全部が、「いや、むしろよかった」と思えばいいんです。

「若いときの苦労は買ってでもせよ」ということわざもありますが、ぼくは、つらい体験をしなくて済《す》むのであれば、そのほうがいいとも思っています。だけど、なんでも順調にトントン拍子《びょうし》に進むばかりがいいとは言えないんです、人生というのは。

人は過《あやま》ちも犯《おか》します。

孔子《こうし》は「過《あやま》ちて改《あらた》めざる、これを過《あやま》ちという」と言っています。

大事なのは、それをどう乗り越《こ》えるか、そこからの過《す》ごし方です。

自分を追いつめない、絶対《ぜったい》に死んではいけない

つらい状況《じょうきょう》に直面して、「死んだほうがマシ」「死んでしまいたい」と考え、自分で命を絶《た》ってしまう人がいます。

「これしか選択肢《せんたくし》はない」と思ってしまうのです。

中学、高校ぐらいの時期は、そのときの気分にのみこまれて、「もうこれしかない」「こうするしかない」という思いこみにハマりやすいんです。

ほかにも選択肢《せんたくし》はあったんですよ、本当は。それに気づけなかった。

「死にたい」といった言葉を、きみたちぐらいのときには、軽い気持ちで使ってしまいます。本気でそう思っているわけではなくて、苦しい状況《じょうきょう》に疲《つか》れてしまって、ふっと逃《に》げ出したくなるときに、ポロッと使ってしまう。

ところが、**言葉というのは、使っているうちに力をもってしまう**んです。

何度もそういうことを思い、ノートやSNSとかに書いたりしているうちに、そうするしか手はないような気がしてきてしまうのです。

だから、ネガティブなことを考えてはダメなのです。そのなかでももっともよくな

いのが「死」という言葉です。

それは心のすきまにしのび入ってくる毒ヘビのようなものだと思ってください。毒ヘビは心から締《し》め出さないといけません。

自分自身のことだけではありませんよ。だれかに向かって「死ね」とか「死ねばいいのに」という言葉を投げかけるのも厳禁《げんきん》です。その言葉のもつ猛毒《もうどく》に気づかなくてはいけません。

病気や事故《じこ》で、早くに命を終えてしまう人もいます。命というのは、与《あた》えられたもの。寿命《じゅみょう》というものは、自分でどうにかできるものではありません。

人間は知恵《ちえ》をはたらかせることで、いろいろなことができるようになりましたが、命を自分勝手に途切《とぎ》れさせるということは、やっていいことではないのです。

この世に生をうけた者としての第一の務《つと》めは、与《あた》えられた命を存分《ぞんぶん》に生ききることです。

「死ねば楽になれるんじゃないか」みたいな考えをもたないこと。

絶対《ぜったい》に死なないこと。

これが、中高生のみなさんが守らなければいけないことの第一位。最低限《さいていげん》の義務《ぎむ》です。

だから、自分を追いこむような考え方をしないようにすることが大切なのです。

「逆縁《ぎゃくえん》」って知っていますか？

普通《ふつう》は年上の人のほうが先に死んでしまうものなのに、たとえば子どもが先に死んでしまって、親が子どもの供養《くよう》をすることになるのを、「逆縁《ぎゃくえん》」といいます。

これは親にとって、何よりも悲しくてつらいことです。

子どもに自殺されてしまう親は、深い傷《きず》を負い、そこから一生苦しみをかかえて生きていくことになります。これ以上の親不孝《おやふこう》はありません。

親がきらいだから自殺するという人は少ないんです。親に心配をかけたくない、親に自分がいじめられていることを知られたくない、そんなことで死を選ぶ。しかし、親の気持ちからすると、どうして話してくれなかったのかと居《い》たたまれないのです。

子どもの自殺は、親をどん底に突《つ》き落としてしまいます。立ち直れないくらいに打ちのめされます。

ふだん、いろいろ口うるさいことを言ったりするのは、「生きている」という大前《だいぜん》提《てい》のうえでのことだからです。

子をもつ親としての望みは、「**生きてくれている、ただそれだけでいい**」なんです。

自分の気質《きしつ》が、どうしても沈《しず》みこみがちな人、つい死のことを考えてしまうような ら、家の人に相談して、病院に行ってカウンセリングを受けるとか、改善《かいぜん》していく道を見つけていきましょう。

人間としての価値《かち》とは？

「こんな自分には、生きている意味なんかない」

思いつめてしまった人がよく口にすることです。

「自分には価値《かち》がない」という気持ちに支配《しはい》されているのだと思います。

では、その「価値《かち》」とは何か。

「ほかの人ができていることができない」とか「能力《のうりょく》がない」とか、「自信のもてることが何もない」とか、そういったことから来ているんですね。

人類って、自分にそういう価値《かち》があるから生きようと思ってきたわけではないんです。

そんなことはほとんど関係なく、人はひたすら生きてきたんです。

自分に価値《かち》があるか、能力《のうりょく》があるか、才能《さいのう》があるか、なんてことは、「生きている」事実に比《くら》べたら小さなことです。**「価値《かち》がなければ生きている意味がない」なんていう考え方は、そもそもはなかったん**です。

以前、ＮＨＫテレビで『病の起源《きげん》』という番組があり、そこでアフリカのある部族のことが取り上げられていました。

いまも昔ながらの狩猟《しゅりょう》で生活している人たち。その暮《く》らしには、徹底《てってい》した「平等」のしくみがありました。

獲物《えもの》が獲《と》れると、必ず全員に均等《きんとう》に分けるのだそうです。

狩《か》りをして獲物《えもの》を獲《と》ってきた人は、大変だったし、それだけおなかも空いているんだからたくさん分け前がもらえるとか、子どもは小さいから少しでいいとか、そういう区別がいっさいない。獲《と》ってきたものはみんなで平等に分ける。そのしきたりをずっと続けているのだというのです。

なぜその部族の話が取り上げられたかというと、そこにはうつ病の人がいないのだそうです。

このことからぼくが感じたのは、うつ病とは、人を「何ができる」「できない」と能力《のうりょく》で区別するようになったことが原因《げんいん》の一つなのだろうな、ということでした。

いま、ぼくらの社会では、うつ症状《しょうじょう》になる人がとても増《ふ》えています。子どもでもなる人がいます。

それは、ほかの人との間に「価値《かち》がある」とか「ない」とか、「能力《のうりょく》が高い」とか「低い」とか、そういうことで差別化して、格差《かくさ》をつけられることがとても多いから、それに心が耐《た》えられなくなりやすいのかもしれません。

ほかの人はいい暮《く》らしをしているなかで、自分だけが貧《まず》しかったら、気持ちがよくありませんよね。うらやましく思ったり、ねたんだりもします。でも、みんなが均等《きんとう》に貧《まず》しいと、あまり気にならないんです。お互《たが》いさまと思って、仲よくできる。

みんなで分け合う、できる人ができることをやって、みんなを食べさせる、そういう考え方ができたから、人類は続いてきたわけです。

おそらく、**能力《のうりょく》で区別するという考え方、能力《のうりょく》によって価値《かち》があるとか、ないとかという考え方が軸《じく》になっていたら、人類はここまで生き残ってこられなかった**でしょう。

能力《のうりょく》があるから偉《えら》いとか、価値《かち》があるとか、人類はそういうことを基準《きじゅん》にして生き残ってきたわけではないんです。

生命としてそこに誕生《たんじょう》した。

そこでできるベストのことを協力し合って生き抜《ぬ》いてきた。それが貴《とうと》い。

ただそれだけでいいんです。生きていく意味があるんです。

頭は幸せになるために使おう

しかし、「平等」ということだけを大切にしていたら、人間の社会はここまで進化してこなかったことも事実《じじつ》です。

「平等っていいよね」と思う人でも、自分がどれだけがんばっても成果として評価《ひょうか》されなかったら、「やりがいがない」と思うでしょう。張《は》り合いがないから、がんばる気になれない、と思うようになるかもしれません。だとすると、進化したり繁栄《はんえい》したりする社会にはなっていかないわけですね。

平等も大事なことですが、競争のなかで進化していくことも大事。

ものごとには、いい面も、よくない面も必ずあるのです。

だから、**簡単《かんたん》に白黒つけることができない**。

だから、頭を使い、知恵《ちえ》を使って、いい面とよくない面の狭間《はざま》で、どう生きていくのがいいかを考えるのです。

グレーゾーンの中で道を見つける。

頭をよくしていくというのは、そういうことを考えつづけることだと思います。


本当の意味での頭のよさとは何か。

現実《げんじつ》の社会を生きていくうえで、さまざまな局面において、どうすることが自分たちの幸せにつながるのかということを考えぬくこと。

よりよく生きるために、人は頭をよくしていく。

「頭のよさ」とは、人間を幸せにするために活《い》かされるべきものだとぼくは思います。

「頭は、幸せになるために使わなくちゃ」ということです。

大切なのは柔軟《じゅうなん》さ。頭のよさを磨《みが》き、柔軟《じゅうなん》になればなるほど、人は強く、賢《かしこ》く生きぬいていけるようになるのです。

第8の格言《かくげん》

いま、自分にできるベストを尽《つ》くせ！うまくいかなくても、道はほかにもある。それに気づけるのが、本当の頭のよさだ。

それじゃあ…
そろそろ僕《ぼく》は次の場所へ行くよ
大丈夫《だいじょうぶ》
君にアドバイスをくれるものはこれからもたくさんやってくる…
何も心配いらないよ
うん…
バスは
またくる…

おわりに

この本では「本当の頭のよさ」について、8つの切り口から考えてきました。頭をよくすると、いろいろなものの考え方ができるようになる。幸せを感じる生き方ができるようになります。

ぼくは、**頭のよさの根底には「情熱《じょうねつ》」がある、**と思っています。

わからないこと、うまくいかないことに対して、「知りたい」「なんとかしたい」と思う**心の熱量が、「どうしたらいいいか」と考えつづける力となり、行動を起こす原動力になる**からです。

情熱《じょうねつ》は、頭をよくしていくための種火。心に火がついてエネルギーがふつふつとわくことで、脳《のう》も回転しやすくなり、身体《からだ》のエネルギーも高まって行動につながっていく——。こういうサイクルをつかむと、現実《げんじつ》をどんどん変えていけます。

ぼくは中高生に話をするとき、よくこんな問いを出します。

「水の乏《とぼ》しいアフリカの国々では、生活に必要な水汲《みずく》み・水運びは子どもたちの仕事です。遠くの水場まで一日何往復《なんおうふく》もして水を運ばなければいけない。だから、学校に行くことができません。そこで、水を入れて運ぶ容器《ようき》にある工夫をしたら、たくさんの水を一気にラクに運べるようになり、子どもたちは学校に行けるようになりました。それはどんな工夫でしょうか」

そんなにむずかしいことではありません。でも、長い間そうした工夫、改善《かいぜん》がなされてきませんでした。「なんとかできないか」と強く思う情熱《じょうねつ》のある人がいなければ、具体的な知恵《ちえ》が出てこない。状況《じょうきょう》は変わらないんです。

答えは、「転がして運べるようにする」ことです。

グループで話し合ってもらうと、中学生、ときには小学生でも正解《せいかい》の発想が出ます。こんな工夫はどうか、こんなことができるんじゃないか、と本気で考えると、いいアイデアがどんどん出てきます。話し合っているみんなの心に火がつき、脳《のう》がフル回転して、目の輝《かがや》きが変わってきます。

アフリカのできごとなんて自分には関係ない他人事《ひとごと》だと思っているうちは、本気で考えられないんです。でも、「これが自分の問題だったら?」と思えば、心に火がつく。

「自分には興味《きょうみ》をもてるものがない」とか「やりたいことが見つからない」という人は、「人のために、自分には何ができるだろうか」と考えてみるといいです。**世の中で欠けている何かを埋《う》めることが自分の役割《やくわり》・使命だとするなら、自分にはいったい何ができるだろう——と。**

自分自身のことだけを考えているよりも、社会の一員として自分にできることに目を向けたほうが、目的意識《いしき》ややりがいをもちやすいんです。何かで人を喜ばせることができると気づけると、自分の存在意義《そんざいいぎ》が感じられるのです。

10代のうちにとくに大事なのは、**心に火をつけるコツ、情熱《じょうねつ》をかきたたせるクセをつけること**です。

とにかく、**いろいろなことに興味《きょうみ》をもとう! どうしたらいまの状況《じょうきょう》を変えられるか、問題を解決《かいけつ》できるか、考えつづけよう!**

そういう心の習慣《しゅうかん》をもつことで、きみの頭のよさは磨《みが》かれていきます。

簡単《かんたん》にあきらめてしまってはダメだよ。行き詰《づ》まりを感じることがあっても、考えつづけることを投げ出さないでください。

「頭がいい」状態《じょうたい》が増《ふ》えると、人生はどんどん楽しくなっていきます。

本当の頭のよさが、勉強ができること、成績《せいせき》がいいことだけじゃないことが、この本でよくわかってもらえたと思います。

どんなに頭脳明晰《ずのうめいせき》といわれる秀才《しゅうさい》でも、人を苦しめたり、悲しませたり、不幸にしたりする判断《はんだん》をしてしまうようなら、間違《まちが》った頭の使い方をしているのです。

「それをすることが、世の中にどういう意味をもつのか。何につながるのか」ということがちゃんと考えられていない。

たとえば、世界では戦争が絶《た》えません。戦争は悲惨《ひさん》な結果しか生まないとみんなわかっているのに、「もう戦争をするしかない」といった考え方に走ってしまうのは、大事な判断《はんだん》を誤《あやま》っています。

「知仁勇《ちじんゆう》」がそなわっていないんです。

宮沢賢治《みやざわけんじ》の『虔十公園林《けんじゅうこうえんりん》』というお話があります。

みんなから、知恵《ちえ》足らずだとバカにされている虔十《けんじゅう》という少年がいました。杉《すぎ》の苗《なえ》を植え、林を作りたいと言います。虔十《けんじゅう》の植えた杉林《すぎばやし》は、子どもたちのいい遊び場となり、やがて人々《ひとびと》に親しまれる公園となります。

虔十《けんじゅう》は、だれからも頭がいいと言われたことはありませんでしたが、みんなのためにいいことは何か、という判断《はんだん》ができる人間でした。人間としての本当の賢《かしこ》さをもっていた、「知仁勇《ちじんゆう》」の人だったのです。

本当の頭のよさとは何か――。

これは、**「本当に大事なことは何か」を考えることでもある**んです。

この本を読んで答えを見つけた気になるのではなく、これからもずっとずっと考えつづけ、いろいろなところで頭のよさを獲得《かくとく》していってください。人生で本当に大事なものに気づいていってください。それが幸せをつかむ方法です。

やわらかな頭をもって、ほがらかに生きようね！

2019年5月

齋藤《さいとう》 孝《たかし》

【この本の格言《かくげん》まとめ】

第1の格言《かくげん》　本当の頭のよさは「知（判断力《はんだんりょく》）」「仁《じん》（誠意《せいい》）」「勇（行動力）」でつくられる。

第2の格言《かくげん》　勉強は、自分をいまよりもっと生きやすくしてくれる。
「知る」「考える」喜びが、人生にワクワクやイキイキを増《ふ》やすんだ。

第3の格言《かくげん》　学校は、いろいろな人がいることを知り、
人との接《せっ》し方の練習をするところと思いなさい。

第4の格言《かくげん》　受験は、自分の強み、自分らしい戦い方を見つけるチャンスだ。

第5の格言《かくげん》　本を友だちにしたら、きみは一生、ひとりぼっちじゃなくなる！

第6の格言《かくげん》　好きなことにどんどんハマれ！　情熱《じょうねつ》の火種を燃《も》やせ！

第7の格言《かくげん》　ほがらかな人になろう。自分も他人も上機嫌《じょうきげん》にできる人になろう。

第8の格言《かくげん》　いま、自分にできるベストを尽《つ》くせ！
うまくいかなくても、道はほかにもある。
それに気づけるのが、本当の頭のよさだ。

齋藤 孝（さいとう・たかし）
1960年静岡県生まれ。明治大学文学部教授。東京大学法学部卒。専門は教育学、身体論、コミュニケーション技法。『身体感覚を取り戻す』（NHK出版）で新潮学芸賞受賞。『声に出して読みたい日本語』（草思社）で毎日出版文化賞特別賞を受賞。『語彙力こそが教養である』（KADOKAWA）、『大人の語彙力ノート』（SBクリエイティブ）などベストセラーも多数。著書発行部数は1000万部を超える。NHK Eテレ「にほんごであそぼ」総合指導。

装丁画・漫画　© 羽賀翔一／コルク
装　丁　菊池 祐
本文デザイン　荒木香樹
構　成　阿部久美子

本当《ほんとう》の「頭《あたま》のよさ」ってなんだろう？
勉強《べんきょう》と人生《じんせい》に役《やく》立《だ》つ、一生《いっしょう》使《つか》える ものの考《かんが》え方《かた》

2019年 6月15日　発　行　NDC370
2025年 6月 6日　第15刷

著　者　齋藤 孝《さいとう たかし》
発行者　小川雄一
発行所　株式会社 誠文堂新光社
〒113-0033　東京都文京区本郷3-3-11
https://www.seibundo-shinkosha.net/
印刷所　星野精版印刷 株式会社
製本所　和光堂 株式会社

ISBN978-4-416-61932-2